el vientre del PADRE

MAXHEBELING

A menos que se indique lo contrario, todas las citas bíblicas han sido tomadas de la versión RV 1960. Nota: el énfasis en negrita en partes del texto es del autor.

EL VIENTRE DEL PADRE

Max Hebeling
631 12th.
Imperial Beach, Ca 91932
www.rkchurch.com

ISBN-13: 978-0-9888089-6-6
Impreso en México - Printed in Mexico
© 2019 por Max Hebeling
Categoría: Religión/Espiritualidad

REINO
EDITORIAL

E-mail: info.editorialreino@gmail.com
Tel: +1 (956) 509 5558
San Diego, California 91910 USA

ÍNDICE

DEDICATORIA

En primer lugar dedico mi libro al **ESPÍRITU SANTO**, quien me ha guiado e inspirado incondicionalmente, el amado de mi vida, quien con experiencias diferentes me ha enseñado a ser fiel con lo que al Padre le pertenece. Mi amigo y compañero de cada viaje, cada agenda y cada paso en la vida. Quien me ha transformado y lo sigue haciendo sobrenaturalmente.

A mi esposa **Graciela** por ser parte primordial de mi vida y ministerio y a mi pequeño gran hijo **Johann** a quien amo con locura por enseñarme a vivir activado en Dios.

A mis padres espirituales Apóstoles **Jorge & Ivvone Pompa**, por su dedicacion, transparecia y autoridad sobre mi persona; quienes son columna vertebral para mi vida, familia y ministerio.

A cada **hijo espiritual** en nuestro ministerio y a la Red Apostólica Reino y Avivamiento en las naciones, por ser para mi una inspiración y unos de los regalos mas apreciados que Dios me ha confiado en el ministerio; gracias a cada uno de ellos que puedo escribir e impregnar las próximas hojas.

PRÓLOGO

Para mi siempre es un privilegio escribir prólogos que elogien el trabajo de diferentes autores, muchos de ellos amigos, consiervos y asociados al ministerio; sin embargo, en esta oportunidad es un privilegio, un honor y una gran alegría hacerlo para mi hijo espiritual que aprecio, admiro y amo mucho al apóstol Max.

Creo que Dios le da dado a Max no solo un llamado pastoral sino que también un llamado apostólico para las naciones, de los cual tengo testimonio en mi espíritu, además de las muchas evidencias de palabras proféticas que me han declarado y se han cumplido.

En este libro Max habla con detalle y revelación acerca del poder de la paternidad impartiendo una pasión que nos alienta a través de sus paginas; este es uno de los temas mas importantes y especiales para lideres, pastores, creyentes de todo el cuerpo de Cristo y el mundo entero, ya que trata primeramente de lo que significa ser padre, la paternidad, el sometimiento a ella y establecer el Reino de Dios aquí en la tierra. También nos enseña en cuanto a las recompensas de estar bajo una paternidad y de estar bajo una autoridad que nos cuida, que nos protege y nos ayuda. El crecimiento de la paternidad y la revelación nos enseña como el apóstol Pablo estableció la paternidad para beneficiar el cuerpo de Cristo.

Por otro lado, El vientre del Padre también te ayudara a entender a ti como padre la responsabilidad que tienes de dejar herencia y a ti como hijo la responsabilidad de someterte a ella; en este libro aprenderás ambas partes y sobre todo a establecer el Reino de Dios aquí en la tierra. De lo cual, estoy orgulloso del apóstol Max por haber escrito este libro, que se que bendecirá al mundo entero. ¡Dios le Bendiga!

APÓSTOL JORGE POMPA

Ministerio Internacional "Fuente de Vida"

Monterrey, NL México

RECONOCIMIENTOS

En esta temporada donde hablar de paternidad o de padres espirituales es un tema tan álgido en el vocablo del ministerio, Max Hebeling nos hace una entrega impecable en este libro, donde explora de una manera pura y sincera el transitar por la búsqueda de un padre y los procesos que esto conlleva.

La paternidad no es un lujo, un exceso o un artilugio, es sencillamente la cubierta de todo ministerio, que le da la legalidad de estar expuesto al trato de su propio carácter y determina las áreas del ejercicio del depósito de poder, el cual le ha sido confiado por Dios.

Tener padre espiritual, es una necesidad imperiosa en el corazón, para asegurar el cuidado, el consejo, la disciplina, el orden y el mentoreo tan necesario en un tiempo lleno de voluntades propias y arrogancias disfrazadas de propósito, lo que resulta en una herida profunda en el cuerpo de Cristo, al cual, nosotros hemos sido llamados a defender y mantener unido, debemos imitar a Jesús, tal cual El mismo imitó al Padre.

Llaman mi atención los versículos:

11 ¿Qué padre de vosotros, si su hijo le pide pan, le dará una piedra? ¿o si pescado, en lugar de pescado, le dará una serpiente? 12 ¿O si le pide un huevo, le dará un escorpión?13 Pues si vosotros, siendo malos, sabéis dar buenas dádivas a vuestros hijos, ¿cuánto más vuestro Padre celestial dará el Espíritu Santo a los que se lo pidan? (Lucas 11:11-13 (RVR1960).

La demanda puesta delante del Padre es por su Espíritu Santo!, en estos ejemplos, Jesús esta haciendo unas analogías muy profundas. Realmente esta hablando de un bocado de pan y una piedra, o esta ejemplificando el momento de su propia tentación en los cuarenta días de desierto?, (Lc 4:3), se refiere a un jugoso pescado recién sacado del mar, o del oficio de sus discípulos, y de la serpiente que, desde el principio, ha querido maldecir la esencia de la paternidad de Dios sobre el hombre?, habla de un huevo que, no estaba incluido en la estricta dieta alimenticia judía, pero lleva vida concentrada en un cascaron tan endeble, y de lo letal de el aguijón de uno de los insectos mas venenosos de la tierra?, todo esto Jesús lo resume en que el Padre pone a nuestra disposición su sustancia a través de la persona del hermoso Espíritu Santo, solo tenemos que pedirlo como hijos.

El vientre del Padre es una aventura por los canales correctos que marcan una ruta de acceso a la paternidad, a la cobertura, a la honra, al respeto y a la sujeción hacia a aquellos que, el cielo, ha puesto como padres y guardas de nuestra vida. El fundamento, la revelación e interpretación de la palabra de Dios, hacen de El vientre del Padre un libro que se convierte en un manual de principios y valores determinantes en la búsqueda, adquisición y ejecución de la paternidad expuesta en la Biblia.

Te animo a sumergirte en este hermoso libro, y estoy

seguro que al término de la lectura, tu espíritu clamará Abba Padre!, y se que te dará una nueva apreciación acerca de las autoridades espirituales.

¡Gracias Max Hebeling! En Su paz.

PROFETA LUIS HARFUSCH.

Convivencia Cristiana "Sahaid Ministries"

Ciudad de México, México

La Escritura enseña en Romanos 8:19 que la creación anhela ardientemente la manifestación de los hijos de Dios, agregando que la creación fue sometida a vanidad (perdió su propósito), por Aquel que lo hizo en la esperanza de que sea liberada en el momento en que gloriosamente se manifiesten los hijos de Dios. Generación a generación, la creación sufre dolores de parto, esperando que se revele la generación que manifestará el cielo en la tierra; el cielo también está expectante de que se levante esa generación que recupere el diseño original y refleje en la tierra, la imagen del Dios invisible.

¿Quiénes son los hijos de Dios? Juan 1:12 señala que a los que recibimos a Jesús y creemos en Su nombre se nos da potestad de ser hechos hijos de Dios, sin embargo, la religión tradicional enseña la mitad de esta verdad al enfatizar qué con solo recibir a Jesús mediante una oración de fe, nos convertimos en hijos de Dios y basado en ello, hemos formado durante muchos años a cristianos que desarrollan vidas limitadas, que incluso desconocen algo tan básico como es descubrir el propósito por el cual el Padre les dio existencia, por lo tanto, desarrollan sus vidas sin una correcta identidad de hijos de Dios y sin la fe y carácter de hijo responsable que les permita manifestar el Reino de nuestro amado Padre celestial. La Escritura enseña que además de recibir a Jesús, debemos creer en Su nombre; lo recibimos una vez, pero nos mantenemos creyendo siempre; cuando así lo hacemos, desarrollamos una relación sólida y permanente con el Padre, que nos da la confianza para responder en fe ante las circunstancias difíciles que se nos atraviesen; nos comprometemos responsablemente con la causa de nuestro Padre: Su Reino, eso era común en Adán antes de la caída y eso hizo Jesús después de su bautismo en el Jordán. A ambos se les menciona en las Escrituras como hijos de Dios (Lucas 3:22 y 3:38) y tuvieron cielos abiertos al operar como hijos.

¡El cielo y la tierra esperan la manifestación de los hijos de Dios! Sin embargo, no podremos revelarnos como hijos si no entendemos la función del Padre y no restauramos el diseño divino en relación al mismo. Jesús vino a revelarnos al Padre, Él es el camino que nos lleva a Él, seguir sus pasos nos permitirá recuperar el diseño original.

En este libro, mi amigo Max enseña magistralmente principios poderosos que te ayudarán a romper paradigmas y esquemas que nos impiden entender esta verdad eterna; léelo con un corazón abierto y libre de prejuicios para que la luz de la revelación pueda alumbrar tu espíritu y seas parte de la generación de hijos de Dios que están revelando el cielo en la tierra.

APÓSTOL NATÁN DE LOS REYES

Centro Cristiano "Pan de Vida"

Tampico, TAM México

INTRODUCCIÓN

El Reino de Dios es el propósito más fuerte de la existencia de la tierra y la razón más real de la vida del ser humano. El Reino de Dios es la clara manifestación del verdadero sentido de que el Padre se haya provisto ha si mismo para salvar la humanidad de un futuro de condena e infierno.

Para muchos, el Reino de Dios solo es el cielo o la eternidad; sin embargo, esto no es así. El Reino es el único sistema de gobierno divino por el cual se administra y se mueve todo plan sobrenatural. No es un reino, es el único Reino que el cielo, la tierra y lo que esta debajo de la tierra reconocen como el gobierno del Padre Celestial.

Entonces como tal, brinda y provee un amplio menú de conductas, costumbres, hábitos, cultura, promesas, responsabilidades, idioma, fe, recursos, finanzas, leyes, autoridades, historia, revelación y mas a sus ciudadanos por medio de su constitución llamada Biblia y/o palabra de Dios. Es por medio de ella que todo hombre y mujer tiene acceso y oportunidad a una transformación total y a un estándar de vida conforme a la voluntad divina y parámetros de gobierno.

El Reino de Dios, no es natural sino sobrenatural; sin embargo opera en la tierra por medio de cada cristiano que ha nacido de nuevo y que se ha enfocado en su diseño original. Esta es una de las más grandes señales del Reino de Dios en una persona volver a su Diseño original. Puede sonar común o trillado esto, pero todo lo que regrese a la Eternidad con el Padre será en formato de Diseño Original.

En la redención del hombre ha través de la muerte y resurrección de Jesucristo, el ser humano obtiene salvación y justificación de su vida pecaminosa y desviada de los preceptos de Dios; es allí donde somos llevados a una nueva vida o al Diseño Original. Salvación tiene que ver con que fuimos liberados de las ataduras del pecado y rescatados de la condena que nos aseguraba la muerte eterna; y por medio de la Justificación fuimos excluidos de ser juzgados y se paso por alto nuestras trasgresiones.

El Reino de Dios es un gobierno eterno, poderoso, completo, absoluto, inquebrantable y enteramente sobrenatural. Anteriormente dije que el Reino de Dios es el ∞ propósito más fuerte de la existencia de la tierra y la razón más real de la vida del ser humano ∞, ya que el hombre y la mujer fueron creados al mismo tiempo en lo sobrenatural pero formados en diferentes tiempos en la tierra.

El propósito no solo era crear y formar humanos, sino que a través de ellos duplicar el Reino sobrenatural de Dios en la tierra; ya que la tierra fue el planeta escogido por el Padre para que el ser humano ejerciera autoridad, dominio y reino.

26 Entonces dijo Dios: Hagamos al hombre a nuestra imagen, conforme a nuestra semejanza; y señoree en los peces del mar, en las aves de los cielos, en las bestias, en toda la tierra, y en todo animal que se arrastra sobre la tierra. (Génesis 1:26 RV 1960).

Es aquí donde encontramos cuanto y tanto hay de Dios en nosotros. Si hablamos de duplicar estamos hablando de hacer exactamente lo que se habla, se vive y se hace en la dimensión divina. Cada uno de nosotros tiene un factor en común que le pertenece a Dios y es nuestro espíritu. Recuerde que somos un espíritu que vivimos en un cuerpo y se nos a asignado un alma para interrelacionarnos.

En el versículo anterior, podemos observar esta magnifica combinación de imagen y semejanza que nos hace no solo seres vivientes, sino portadores del poder de duplicar diseños de Dios. Es grandioso poder darnos cuenta que nuestra procedencia es cien por ciento sobrenatural y nuestra misión de igual manera. Cuando la Biblia dice imagen se esta refiriendo al diseño de nuestra esencia que tiene todos los elementos necesarios de gobierno; por eso el texto dice "y señoree en" esto habla de una asignación otorgada con un poder absoluto de gobierno sobre todo lo creado. Dios gobierna todo lo creado en la vida sobrenatural y nosotros en la tierra de igual manera.

De esta misma forma, por haber sido enviados de parte de Dios, nuestra semejanza es la misma esencia sobrenatural pero ahora para operar en ambas dimensiones. ¿Cuáles? En la espiritual y natural. Es por eso que cuando Cristo muere y resucita, le es otorgado autoridad en el cielo y en la tierra y con ella a través del perdón y justificación, fuimos llamados y encomendados para llevar el poder sobrenatural en nuestra vida.

18 Y Jesús se acercó y les habló diciendo: Toda potestad me es dada en el cielo y en la tierra. 19 Por tanto, id, y haced discípulos a todas las naciones, bautizándolos en el nombre del Padre, y del Hijo, y del Espíritu Santo; 20 enseñándoles que guarden todas las cosas que os he mandado; y he aquí yo estoy con vosotros todos los días, hasta el fin del mundo. Amén. (Mateo 18:18-20 RV 1960)

Es allí que por medio de Cristo Jesús, nosotros recuperamos la esencia verdadera del poder que habíamos perdido por causa del pecado. Entonces, bajo ese poder y autoridad podemos también duplicar los diseños de Dios en la tierra con la certeza que si esto sucede, habremos establecido el Reino de Dios en su total manifestación.

Bajo esta base, podemos comprender que el Reino de Dios es más importante que cualquier cosa. Por eso, cuando Jesús comenzó su ministerio, lo primero que anuncio fue el Reino que su Padre Celestial le mando a revelar a ciencia cierta. ¿Como reveló Jesús el Reino? Lo hizo por medio de cuatro manifestaciones sobrenaturales: la predicación, la enseñanza, los milagros y la liberación.

Cosas que no habían sucedido antes como la liberación, fueron las que posicionaron a Cristo en primera plana de los periódicos del momento; son los milagros los que evidencian que el Reino NO es natural, sino sobrenatural.

Pero ¿cuál fue el propósito por el cual Cristo no hizo otra cosa mas que lo que le fue encomendado? En todos los próximos capítulos veremos una poderosa revelación al respecto.

La única verdad que Jesús cumplió con su asignación fue obedecer a LA VOLUNTAD PATERNA.

PATERNIDAD

CAPITULO **01**

"No puedo yo hacer nada por mí mismo; según oigo, así juzgo; y mi juicio es justo, porque no busco mi voluntad, sino la voluntad del que me envió, la del Padre. Si yo doy testimonio acerca de mí mismo, mi testimonio no es verdadero." (Juan 5:30 - 31 RVR1960).

El concepto de la palabra padre es muy amplio. La palabra, viene del griego *pater* que quiere decir: padre, fundador, uno que lleva la carga, autor, creador, maestro, líder, patriarca, organizador, defensor, estabilizador, uno que endosa, animador, gobernador, mentor, modelo, etc.

¿Quien es un Padre Espiritual?

Padre Espiritual es aquel que tiene la capacidad de gobernar en una casa y transmitir su ADN para darles identidad a aquellos quienes están bajo su cobertura y protección. Es la extensión del Padre Celestial de manera que no es un título, sino que se desarrolla en función a una relación. En otras palabras, la paternidad conlleva una gran responsabilidad mutua de construir una relación reciproca. Jesús comienza su ministerio manifestado la naturaleza del Padre Celestial en toda su plenitud cumpliendo sus profecías.

17 E irá delante de él con el espíritu y el poder de Elías, para hacer volver los corazones de los padres a los hijos, y de los rebeldes a la prudencia de los justos, para preparar al Señor un pueblo bien dispuesto.

(Lucas 1:17 RV 1960).

El vino a revelar la paternidad de Dios porque ni los discípulos, ni los judíos lo conocían.

6 Y por cuanto sois hijos, Dios envió a vuestros corazones el Espíritu de su Hijo, el cual clama: !!Abba, Padre!7 Así que ya no eres esclavo, sino hijo; y si hijo, también heredero de Dios por medio de Cristo.

(Gálatas 4:6-7 RV 1960).

Cuando Jesús se refería al padre, le decía Abba Padre; que quiere decir papito o papito mío, lo cual implica y revela una relación cercana de intimidad. Para los fariseos, esta expresión era como una falta de respeto.

25 Éstas cosas os he hablado en lenguaje figurado[a]; viene el tiempo[b]cuando no os hablaré más en lenguaje figurado[c], sino que os hablaré del Padre claramente.

(Juan 16:25 RV 1960).

La revelación de la paternidad no se puede entender hasta que el Espíritu Santo nos la revele. Es diferente tener una relación de Dios a creación, de señor a siervo; en relación de hijo a padre nos da identidad, propósito y sentido de pertenencia. Nos dice que somos parte de la familia de Dios con las mismas responsabilidades y privilegios.

Aun así, en nuestros días se mal interpreta el concepto con la función de un padre espiritual. Todo lo que mal interpretamos, lo practicamos o ejecutamos mal. La falta de interpretación demuestra falta de revelación y falta de conocimiento. Entonces, para muchos como para los fariseos, es casi imposible que se pueda establecer una relación paternal espiritual en nuestros días. Las razones las mencione recientemente.

Sin embargo, que cierto porcentaje de gente mal interprete, no significa que dicho diseño no exista. Veamos con detenimiento un pasaje de las Escrituras donde Jesús nos da una extraordinaria enseñanza y que del mismo muchos han hecho fabulas, dogmas y demás.

8 Pero vosotros no pretendáis que os llamen "Rabí", porque uno es vuestro Maestro, el Cristo, y todos vosotros sois hermanos. 9 Y no llaméis padre vuestro a nadie en la tierra, porque uno es vuestro Padre, el que está en los cielos. 10 Ni seáis llamados maestros, porque uno es vuestro Maestro, el Cristo. 11 El que es el mayor de vosotros sea vuestro siervo, 12 porque el que se enaltece será humillado, y el que se humilla será enaltecido.

(Mateo 23:8-12 RV 1960).

La paternidad existe, sino Dios debiera ser removido del tema. Cuando Jesús habla de esto, debemos saber que esta estableciendo un principio sobre una plataforma de personas sin revelación, literalmente los fariseos. Es por eso que el Señor expone con dirección letal un mensaje que va a una raíz religiosa y carente de inspiración. No llames Maestro a nadie, Cristo es el único. No llames Padre a nadie, Dios es el único.

Uno de los nombres de Dios es PADRE y debemos saber que el titulo con el nombre son intercambiables; se usan según la aplicación del vocablo o la ocasión. Jesús dijo: *"yo vine en lugar del Padre"*. En este sentido, tomando la posición de Padre como nombre y titulo a la vez. Esto les hablaba a fariseos que querían llamarse: padres, maestros y lideres. Para mayor claridad esto significa no llamen a personas **Maestros**, que solo quieren nombres; no llamen a personas **Padres** que solo quieren títulos. Estas personas así, solo quieren renombres y no **servir**. No llamen a personas que solo quieren tomar el lugar de Dios o de una autoridad designada. Para que alguien realmente sea considerado así, debe tener la *acción* del padre. O sea, el concepto bien desarrollado como tal y su manifestación mas común es servir.

La verdadera Paternidad Espiritual, lleva al pueblo a experimentar y vivir el amor del Padre Celestial. Cuando se establece la relación paterna su fin será que ese hijo/a llegue ha ser restaurado de tal manera que pueda edificar una sana y profunda relación con Dios. La paternidad espiritual es un diseño que asegura a un cristiano, un modelo perfecto de la relación con Dios. Lamentablemente, muchos solo quieren títulos y el lugar del Padre Celestial; y la Paternidad Espiritual no es tomar el lugar de Dios, sino es ser una **extensión** de Dios el Padre; no la usurpación de su posición.

Uno de los modelos mas impresionantes y concretos de paternidad espiritual, es el ministerio y vida del Apóstol Pablo. Es un camino claramente marcado para quienes han sido llamados a dicha asignación.

Pablo, apóstol de Jesucristo por mandato de Dios nuestro Salvador, y del Señor Jesucristo nuestra esperanza, 2 a Timoteo, verdadero hijo en la fe: Gracia, misericordia y paz, de Dios nuestro Padre y de Cristo Jesús, nuestro Señor.

(1 Timoteo 1:1-2 RV 1960)

¿Por que muchos a su autoridad espiritual le llaman papá? Pablo dice: **"Verdadero hijo en la Fe"**, refiriéndose a Timoteo. Esto revela que puede haber hijos, pero algunos no verdaderos. ¡Cuidado! Es aquí donde se debe escudriñar los corazones y para eso la relación paterna tarde que temprano lo revelará.

14 No escribo esto para avergonzaros, sino para amonestaros como a hijos míos amados.

(1 Corintios 4:14 RV 1960).

En esto, vemos a un padre en plena acción. El apóstol Pablo refiriéndose a Timoteo como quien responde no solo a una investidura de autoridad, sino a una relación desarrollada. Por eso la necesidad inconfundible de un padre espiritual. Ahora, es cierto que existen en la vida espiritual y ministerial, amigos, mentores y personas que serán puestas por Dios a nuestro favor, pero ¿Cual es la diferencia entre un Padre, un *mentor, maestro o entrenador?*

Que ellos NO dan herencia. El Mentor, maestro o entrenador te bendicen, pero el padre te *imparte.* Este secreto, es el que muchos no logran captar y entender porque están cegados en pensamientos o entendimientos legalistas y faltos de revelación. El padre siempre tiene herencia para sus hijos según su dimensión; lo cual explicare a fondo en el próximo capitulo.

Entonces, ¿Quien es tu padre espiritual? Debes ir al Padre Celestial para que te revela ese diseño en tu pastor, apóstol o persona asignada divinamente. Porque una cosa es la persona que te llevo a los pies de Cristo, y otra es la que te da a luz para iniciarnos en la dimensión del ministerio. Pablo dijo: "los he engendrado" lo cual revela que los había "formado y sacado" de su interior. Esto es lo que le dio al apóstol, la autoridad de llamar la atención en momentos confusos a sus hijos.

15 Aunque tengáis diez mil maestros en Cristo, no tendréis muchos padres, pues en Cristo Jesús yo os engendré por medio del evangelio.

(1 Corintios 4:15 RV 1960).

Un padre espiritual dijimos, no necesariamente es el que te dio a nacer en Cristo, sino aquel que reconoce tu llamado, te prepara, te equipa, te entrena, te ministra y te envía a tu destino. Ese proceso se llama **engendrar**. Y un engendramiento es un proceso doloroso, porque muchos no quieren ser engendrados. Por su manera de ser, orgullo, ego, experiencia, antigüedad, conocimientos y falta de costumbre de depender de un padre.

Toda persona que quiera ser engendrada, asegura el destino profético. Tiene la certeza que llegara al punto final de una gran aventura escrita por la mano de Dios. No hay futuro espiritual o ministerial si no sometemos nuestra vida al diseño establecido por Dios para tener largura de días. Esto entra en lo natural y espiritual: honrar a nuestros padres. Cuando una persona quiere el cumplimiento profético, pero no se deja engendrar lamentable es que será un bastardo; nunca dejará de ser hijo de Dios, pero en la dimensión de la tierra no será perpetuado. En la herencia que un padre puede transferir a un hijo, yace el elemento que el hijo manifestara en su caminar, el ADN. Este factor solo puede manifestarse cuando se es ENGENDRADO. Sin esto, no puede haber activación ni transferencia de ADN. Es de esta manera que un hijo puede impregnarse del padre y manifestar la visión que su autoridad tiene.

Cada casa paterna tiene su propio espíritu, esto va de acuerdo a la visión que Dios a dado diferenciándonos de otros. La visión es dada por Dios al espíritu del padre y es lo que por proceso de engendramiento los hijos reciben y manifiestan. Un hijo manifiesta solo lo que el padre invierte sobre el. Nada sucede por casualidad, razón u obviedad, sino que por engendramiento. Cuando una persona es engendrada, respeta, honra y obedece en toda instrucción ya que su fuente de activación esta en el padre.

¿Para que el espíritu (ADN) de la casa o del padre?

Es de mayor importancia que los hijos de una casa

paterna, capturen el ADN puesto que ellos como discípulos harán exactamente todo como se les ordenen y como esta establecida la asignación. Esto revela que hay dos maneras que un hijo toma y hospeda la visión del padre: una es en la mente y otra es en el corazón (espíritu).

Cuando la visión esta en la mente, los hijos no hacen nada ni producen ningún tipo de fruto; muchos conocen de inicio a fin el protocolo y las estructuras de la visión, pero no dan resultado alguno. Cuando la visión llegó al espíritu de un hijo, inmediatamente dan frutos según esa asignación, porque el ADN esta activo en sus vidas. Esto revela lo poderoso, delicado y necesario que es la revelación de la asignación del padre sobre los hijos.

Cuando la visión esta en el espíritu de los hijos, aquello fluye sobrenaturalmente, no hay resistencia alguna y los frutos son continuos y abundantes; sin embargo, cuando está en la mente, todo lo que se le encarga o comisiona a un hijo es forzado y echo de mala gana. Aquí es donde se revelará uno de las virtudes de una verdadera relación paternal y es el compromiso. El compromiso es un síntoma y confirmación que el hijo tiene la visión y el ADN en su espíritu. Esto revela que se activo el ADN y se activo la herencia del padre al hijo. La Herencia legaliza al hijo y le da dominio verdadero para ejecutar su llamado y asignación; es allí donde un rompimiento se desata y el hijo comienza a desarrollarse y fructificar como nunca antes.

Un verdadero padre es el que tiene el poder y la dedicación de engendrar hijos y no robarlos. ¿como es esto? Lamentablemente hay muchos individuos que profesan ser padres espirituales, pero de hijos ajenos o robados; allí no funciona el diseño de Dios, sino algún interés personal que tarde que temprano resultara en problemas, falta de atención, gente sin ADN y lo peor personas despotricado la paternidad por el mal sabor de boca que dicha situación les dejo. Los tiempos siguen cambiando y el amor de muchos se a enfriado al punto de no importarles distorsionar un diseño, y convertirse en cazadores furtivos de "hijos espirituales".

¿Como nos damos cuenta que alguien No es un padre espiritual?

Son muchas las maneras o los factores que confirman esto. Si nos tomamos de lo anteriormente referido, entenderemos que un padre falso es alguien que no ama, no protege, no esta interesado, no puede dar herencia, no tiene plataforma para el hijo, carece de poder para engendrar y sobre todo esta lleno de agendas personales y de intereses que, por medio de la manipulación, logrará convencer a muchos.

Un padre verdadero engendra; un padre falso roba. Un padre verdadero busca multiplicarse en el hijo; un padre falso busca su propio beneficio usando al hijo. Un padre verdadero imparte diseños y revelación; un padre falso usa aun los dones para sacar provecho y poner vendas mágicas carentes de revelación. Un padre verdadero ama y se da a todos sus hijos por igual; un padre falso solo busca a los que le conviene o puede sacarles algo.

Es una triste realidad, pero cualquier persona que cae en una actitud de distorsionar un diseño terminará del lado opuesto; mas aun en las dimensiones paternales.

Dimensiones

PATERNALES

7 Porque tres son los que dan testimonio en el cielo: el Padre, el Verbo y el Espíritu Santo; y estos tres son uno. (1 Juan 5:7 RVR1960).

Este tópico es una de las bombas de tiempo más grandes para las personas, ministros, Iglesias, concilios y ministerios que han tenido mas experiencia con la letra que con el Espíritu. La letra trae muerte, cuando la persona trata de razonar humanamente la palabra de Dios, dejando de lado la luz del Espíritu Santo para revelar las riquezas que cada versículo bíblico contiene. El Espíritu, trae vida ya que una letra revelada provocará una acción sobrenatural en cada persona. De estas cosas han nacido muchas ramas de pensamiento doctrinal que provienen de un mismo tronco, pero no logran fructificar su propósito y terminan siendo podados por la religión, las estructuras, los rudimentos y las conclusiones mentales.

Cuando hablamos de dimensiones paternales nos referimos a un espacio donde reposa un diseño divino referido obvio a la paternidad; es allí donde una revelación puede tomar fuerza y producir el efecto celestial en una persona. Todo diseño de Dios debe ser revelado, y cuando esto sucede es entonces donde entramos en una dimensión.

Las Tres Dimensiones Paternales.

Se conoce como Trinidad, a la existencia conjunta de tres personas sobrenaturales que comparten los mismos atributos divinos entre si teniendo la virtud de ser llamados Dios. En esa relación divina, se manifiestan tres esencias de tres monarcas poderosos: el Padre, el Hijo y el Espíritu Santo. Los tres son Dios, los tres son uno. Y en esa riqueza, uno de ellos es quien ejerce paternidad sobre todo lo creado como autoridad suprema, el Padre.

Bajo esa revelación, entendemos que existen tres dimensiones donde la esencia paternal se manifiesta el Padre Celestial, el Padre biológico o natural y el padre Espiritual (Autoridad). Es aquí donde encontramos nuevamente el poder de duplicar que hablamos al principio de este libro. El Reino de Dios fue enviado a la tierra a través de Jesús para duplicar los diseños del cielo.

La paternidad es uno de ellos y Dios autorizó esa duplicación en la dimensión Celestial, natural y espiritual. La paternidad es uno de los conductos por donde Dios imparte de su propia esencia entregándole a sus hijos la responsabilidad de duplicar este diseño divino.

El Padre Celestial.

El versículo que vimos, dice que los tres (Padre, Hijo y Espíritu Santo) son uno; esto indica que los tres hacen equipo y funcionan sobrenaturalmente, pero el Padre es la cabeza de ellos. Si en la dimensión divina esta el Padre, significa que la gobierna y tiene los atributos como tal. Donde hay un padre, siempre hay un hijo.

Donde hay un padre y un hijo hay una familia. Así es como se conduce y gobierna el cielo. Allí nada es por consecuencia o razón, sino por la sabiduría del gobierno paterno. En el cielo todos reconocen y adoran al Padre

Celestial. Ese reconocimiento, no tiene que ver con una suerte de conocimiento o información, sino con acciones hacia el Padre. Reconocer al Padre es adorarlo. La adoración es el resultado de alguien que admira y ama al Padre, Jesús mismo menciono esto.

23 Mas la hora viene, y ahora es, cuando los verdaderos adoradores adorarán al Padre en espíritu y en verdad; porque también el Padre tales adoradores busca que le adoren.

(Juan 4:23 – 24 RV 1960).

Dentro de los conceptos y significados de adoración, encontramos las palabras **admiración**, **respeto** y **honra**. Nadie puede manifestar estos principios, a menos que sea un hijo y tenga un corazón como tal. Un hijo admira al padre; un verdadero hijo respeta a su padre y le debe honrar. Los verdaderos hijos de Dios adoran al Padre en espíritu (que es nuestra esencia) y en verdad (que es nuestra condición de hijos); o sea, que cualquiera puede adorar, pero no cualquiera puede adorar al padre en *espíritu* y *verdad*.

El versículo dice que *el Padre tales adoradores busca que le adoren*. ¡Esto es sobrenatural! Esto significa que el padre no esta buscando buenos cantantes, buenos músicos o buenas personas; Él esta buscando **verdaderos hijos**, porque solo ellos pudieran adorar en espíritu y verdad. Y aquí puede surgir una pregunta ¿por qué Dios esta buscando hijos que le adoren? Primero porque su esencia es paternal y segundo porque un hijo que adora en espíritu y verdad, califica para que se le revele su propósito y le sea impartido el poder para duplicar el cielo en la tierra.

Jesús adoró al Padre, y como consecuencia la revelación y el poder nunca menguaron en Él. Esa es la dimensión de un hijo que adora al Padre Celestial. La adoración lo mantendrá bajo una atmosfera sobrenatural siempre y dicha persona nunca será desviada de su camino; porque habrá regresado a su atmosfera y hábitat de diseño original. Quien logre esto, caminara en esta tierra siendo literalmente la imagen visible de un Reino invisible. Muchos cristianos piensan que pueden establecer una relación con el Padre Celestial con el solo hecho de congregarse o cumplir ciertos requisitos que, si bien son parte de los mandamientos, pero no son elementos para relación, sino de obediencia a dichos preceptos. Es allí, donde el cristianismo por años ha estado auto engañado y confundido creyendo tal error. Nadie construye una relación cumpliendo leyes; se construye con la inversión de tiempo en momentos de convivio, comunicación, amor, amistad y privacidad según la índole de la relación.

Con el Padre Celestial funciona igual. Quien no invierta tiempo en la adoración, no podrá construir nada con Él, quien no respete sus mandamientos no podrá tener su respaldo. Quien no intime con el, no podrá tener su revelación y quien no le ame más que a si mismo no podrá ser contado entre los que hacen historia.

Entonces, si *el Padre tales adoradores busca que le adoren*, eso indica que su rol paterno esta activo en una búsqueda constante de que los seres humanos sean transformados para que se despierte en ellos el espíritu de hijos y la verdad como tales. Es por eso que Su hijo, fue enviado a la tierra, para revelar al Padre y que el nos reconciliará con Dios para que esa esencia y condición de hijos sea recuperada de la atroz destrucción del pecado.

Por esto mismo, el apóstol Pablo dice que Dios nos a dado el Espíritu del hijo para que podamos adorar al Padre de verdad.

6 Y por cuanto sois hijos, Dios envió a vuestros corazones el Espíritu de su Hijo, el cual clama: !!Abba, Padre!

(Galatas4:6 RV 1960).

Abba, Padre es una expresión que revela una relación intima que dice *Papito Mío*. Nadie puede sentir eso mas que un verdadero hijo. Cuando adoras a Dios ¿lo haces como hijo o solo es una rutina mas de alguna reunión de iglesia? Cuando adoras como hijo, no habrá cosa en el mundo que pueda interponerse entre el cielo y la tierra.

El Padre Natural o biológico.

Pareciera que de este punto no hubiera mucho que hablar; sin embargo, es abundante. Un padre natural o biológico no solo es un hombre que fecunda un vientre o engendra un hijo, sino es una duplicación del cielo en la tierra. Es un diseño perfecto de Dios, que al unirse en amor a su mujer, vinculan la autorización para que una persona de la eternidad venga al ahora y cumpla su plan profético.

Ningún ser ha venido a la tierra si no es voluntad de Dios; entonces el diseño para que un ser humano venga a la tierra es la unión sexual del matrimonio por la cual se otorga la entrada de dicha persona a la existencia natural. Es allí, donde el matrimonio cumple con el mandato de Dios de multiplicar y llenar la tierra. Entendemos que multiplicar es reproducir por el mismo genero en cantidades; y llenar la tierra es poseer el territorio que Dios le asignó al Ser humano. Fuimos enviados a la tierra, entonces es la tierra el territorio a poseer, poblar y conquistar.

De esa manera, el padre natural se convierte en un reproductor de diseños divinos en la dimensión natural, al igual que la mujer en un perfecto diseño de producción divina mediante su capacidad de gestar y dar a luz. Esto es una duplicación del cielo y es el único modo que un ser puede venir a la existencia natural y es el único diseño que Dios respalda como creador. Aquí podemos denotar por que para Dios el acto sexual es y debe ser Santo; ya que lo creó para que los esposos disfruten entre si y como medio de traer de la eternidad una nueva vida natural.

4 Honroso sea en todos el matrimonio, y el lecho sin mancilla; pero a los fornicarios y a los adúlteros los juzgará Dios.

(Hebreos 13:4 RV 1960).

¡Que poderoso es esto! Y que necesario es de ser entendido correctamente. El hombre se convierte en padre al engendrar un hijo, porque en su esencia carga el potencial de multiplicarse.

Convengamos que cualquier hombre puede engendrar un hijo y convertirse legalmente en un padre; pero no cualquier hombre puede ser un verdadero padre. Es aquí, donde yace una realidad que atenta contra todo nuevo ser humano. Sumado a la esencia de multiplicación que existe en hombre para convertirse en padre, también yace la responsabilidad que el padre desarrolle bien su posición dándole a sus hijos identidad.

Biológicamente, un hijo carga ADN de sus padres y eso lo hace perteneciente a dichos progenitores. Ese ADN, no solo transporta la genética sino también necesita del padre como modelo con quien identificarse y de la madre como modelo de crianza, formación y cuidado; con esto no quito la responsabilidad paterna de crianza, formación y cuidado, sino que atribuyo esas funciones básicas mas comunes en la madre.

El padre, tiene la capacidad por ser la cabeza del hogar y la autoridad de sus hijos, de dar identidad en todos los aspectos de la formación de sus condescendientes. La identidad, es lo que forja el ser interior de los hijos en las distintas áreas que lo hacen un individuo que mas tarde deberá interrelacionarse con su alrededor y lo hará tarde que temprano padre o madre.

Es la identidad, lo que define y diferencia las

características de una persona de otra, atribuyéndole conocimiento, educación y cultura entre otras cosas importantes. Es el padre quien trabaja en la identidad de los hijos, por eso cuando falta un padre en la vida de sus hijos por el motivo que sea, hay un detenimiento y un sin fin de situaciones contrarias que se desencadenan por dicha ausencia. Todo hijo necesita indiscutiblemente a su padre, puesto que el desarrollo de la identidad es menester.

El padre natural o biológico, en este sentido cumple la misma función que el Padre Celestial en dar identidad a sus hijos, esto indica así que, aunque sea en la dimensión natural esta reproduciendo un diseño divino.

Por esto mismo, todo hombre debiera cuidar su posición y lugar de padre, sabiendo que tiene la responsabilidad de construir en sus hijos una identidad bien forjada y claramente direccionada al plan divino de Dios; entendiendo que esto no es una opción sino es una asignación. El padre natural o biológico es una asignación, no una elección; nadie puede elegir de que padre nacer. No eliges en que núcleo familiar desarrollarte, esto es un designio de Dios y nada ni nadie podrá modificarlo.

Cuando un padre natural o biológico esta dando identidad, por medio de esto esta manifestando su autoridad. Porque el proceso de identidad se trabaja mediante enseñanza, consejo, ordenes, correcciones, directivas y mas. Es por eso que todo hijo debe ser obediente a su padre, para que, por medio de esto, pueda honrarle como tal y no con lo contrario violentar su autoridad. Para establecer una buena relación entre el padre y el hijo, deberá estar presente la obediencia, ante todo. La manera de honrar al padre es obedeciéndole. Esto será un elemento primordial para una buena e intima relación. Así como al Padre Celestial se lo adora, al padre natural o biológico se lo obedece. Así como al Padre Celestial se honra, al padre natural o biológico se le honra también.

20 Hijos, obedeced a vuestros padres en todo, porque esto agrada al Señor.
(Colosenses 3:20 RV 1960).

2 Honra a tu padre y a tu madre, que es el primer mandamiento con promesa; 3 para que te vaya bien, y seas de larga vida sobre la tierra.
(Efesios 6:2-3 RV 1960).

El padre es una relación, no un compadrazgo. Un hijo debe saber que su padre debe ser su mejor amigo, pero no su compadre; entendiendo que el respeto al padre fortalecerá la amistad y la confianza será la unión inquebrantable.

El Padre Espiritual.

Como en las dos dimensiones anteriores hay mucho que hablar. En la dimensión espiritual, todo hijo de Dios, en la tierra necesita de un padre espiritual que le de identidad y tomándole de la mano, le lleve a su destino y asignación profética.

Un padre espiritual no necesariamente es el que te dio a nacer en Cristo, sino aquel que reconoce tu llamado, te prepara, te equipa, te entrena, te ministra y te envía a tu propósito.

En el ámbito espiritual, la paternidad también debe ser sagrada, cuidada y llevada a cabo mediante los diseños bíblicos correspondientes. Toda relación paterna y espiritual se desarrollará por medio de un pacto. Un pacto es un acuerdo entre dos o más personas con un fin al que se respetará. Si esto es así, la relación paterna tiene mucho futuro.

El Reino de Dios no es un grupo de creyentes o feligreses así nomas; es una familia espiritual que forma un cuerpo viviente y que tiene un Padre espiritual ligados a una relación de pacto. Ese pacto es revelado y representado por medio de la circuncisión. Cuando Dios mando a circuncidar a los primogénitos, no lo hizo por instaurar una costumbre; sino para establecer una señal intima de pacto. La circuncisión, como hoy, significaba cortar el prepucio del pene; esto habla de un corte muy intimo, muy profundo, y muy delicado. Para Dios eso era una señal de pacto, no por el prepucio en si mismo, sino por la intimidad a la que se debía llegar para eso.

¿Entiende esto usted? La relación de pacto es intima y muy sagrada. En la relación de pacto entre el *Padre Celestial* y sus hijos, la señal de pacto es la sangre de Jesús y nuestra intimidad con Él a través de este sacrificio. En la relación de pacto con el *padre natural o biológico*, la señal de pacto es la obediencia y honra al mismo. En la relación de pacto con el *padre espiritual* la señal de pacto es el sometimiento y la honra.

Entonces la circuncisión representa el permitir llegar a lo más íntimo y delicado para hacer un cambio (corte). En otras palabras, si estás dispuesto a ceder lo más íntimo entonces estás listo para el pacto. **El pacto está sostenido en una relación; sin relación nada funciona**. La relación está basada en un propósito y una visión.

¿Andarán dos juntos, si no estuvieren de acuerdo?

(Amós 3:3 RV 1960).

La relación es continua, dinámica y tiene vida; es mutua. Está basada en reconocer nuestra posición, a partir de reconocer la cabeza en obediencia. Está basada en temor a Dios y respeto, está basada en amor, comunicación, en sacrificio, compromiso y pacto. **Cuando se remueve el Pacto y los otros principios, se remueve la relación; la misma luego se deteriora**. Entonces la relación debe tener un compromiso irrompible. Por causa del pacto con un padre espiritual, el hijo entiende que el padre es la imagen de Dios, no solo un hombre de Dios. El padre tiene la autoridad sobre un hijo, no solo la capacidad de ayudarlo, tiene potestad no solo influencia. Es así, como se puede desarrollar una paternidad espiritual.

La razón de engendrar hijos espirituales tiene que ver con llevar la carga que Dios ha depositado en la vida del padre espiritual. Es allí donde el hijo se somete y trabaja en conjunto para dicho fin. Allí se desata una milagrosa formula sobrenatural, ya que el hijo se dimensiona en y con lo que el padre tiene; allí se activa su ADN y su herencia. El propósito de ser hijos engendrados por un padre espiritual también provoca que las riquezas no se pierdan en una generación, sino que se multipliquen y pasen a la que viene, porque un padre permite y acciona que su hijo reciba herencia.

Es así, como se puede preparar una generación con espíritu de hijo.

¿como es esa generación? Sabe quién es su fuente espiritual, vive para agradar al padre, obedece, honra y tiene su identidad bien definida y en acción. Estas son las características de un hijo maduro. Jesús como hijo sabía quién era su fuente, y Él subsistía en el Padre. *Un verdadero hijo muestra su identidad, cuando hace las obras de su Padre y testifica de él.*

"Respondieron y le dijeron: Nuestro padre es Abraham. Jesús les dijo: Si fueseis hijos de Abraham, las obras de Abraham haríais"

(Juan 8:39)

"Vosotros sois de vuestro padre el diablo, y los deseos de vuestro padre queréis hacer. Él ha sido homicida desde el principio, y no ha permanecido en la verdad, porque no hay verdad en él. Cuando habla mentira, de suyo habla;

porque es mentiroso, y padre de mentira"

(Juan 8:44)

El padre espiritual es la imagen de Dios para el hijo. Es quien tiene la autoridad de revelar el Reino a ese hijo, instruirle y cuidar cada paso en pos de su propósito. Entonces, el hijo toma identidad con el padre espiritual y es llevado por el Espíritu de Dios a hacer las mismas obras que el padre. Aquí volvemos a ver el poder de duplicar el cielo en la tierra. Este es un principio invaluable de una verdadera paternidad. Los hijos haciendo las obras del padre, caminando los caminos del padre, produciendo los resultados del padre, expandiéndose en las medidas del padre y madurando en la madurez del padre.

Jesús arremete contra los religiosos quienes aparentaban ser hijos de Abraham, sin embargo, no vivían como el patriarca lo había echo. Allí no había una paternidad espiritual, solo una cuestión hereditaria. Puedes ser el hijo de quien sea, mientras no hagas lo mismo no lo revelaras.

En el versículo de Juan 8:44, vemos que Jesús aclara que no se trataba de una paternidad espiritual el medio de la herencia sanguínea, sino de las cosas que el hijo hace. El hijo revela al padre. El hijo manifiesta al padre. En el padre espiritual reposa todo lo que el hijo necesita para desarrollarse y cumplir con el diseño divino. No es que el padre espiritual suplante al Padre Celestial, sino que es una imagen divina para el hijo y esto lo lleva a depender de el.

Para el sector tradicionalista y religioso de estos tiempos, esta afirmación provocará posiblemente la rasgadura de sus vestimentas. Los apóstoles Pablo y Juan, escriben cartas y en sus enunciados revelan la relación con sus hijos espirituales.

Hijitos míos, estas cosas os escribo para que no

pequéis; y si alguno hubiere pecado, abogado tenemos para con el Padre, a Jesucristo el justo.
(1 Juan 2:1 RV 1960).

Hijitos míos, por quienes vuelvo a sufrir dolores de parto, hasta que Cristo sea formado en vosotros,

(Gálatas 4:19 RV 1960)

La importancia de la relación, hace que el padre espiritual pueda profundizar su trabajo con y sobre su hijo. Todos necesitamos un padre, todos debemos tener un padre espiritual. Tengas o no ministerio, tengas o no conocimiento, tengas o no un propósito definido necesitamos a un padre.

Lo que en los ámbitos ministeriales y espirituales no tengamos, una relación paternal espiritual nos facilitará y acelerará el conseguirlo. La falta de un padre es la necesidad más grande en la raza humana. Hoy en día después de la salvación del alma; y la falta de un padre espiritual es la necesidad más grande de muchos cristianos hoy ya siendo salvos. En los años que he ministrado he encontrado que donde quiere que hubo falta de un padre, hay hijos e hijas inseguras, con falta de identidad, madurez y valor. Una de las verdades bíblicas que Dios ha restaurado en este tiempo es la revelación de que Dios es nuestro Padre y que nosotros somos sus hijos; y que Él nos ama. Con esto, restaurando también la relación de padres espirituales.

Entonces, podemos concluir afirmando que las tres dimensiones paternales son necesarias, bíblicas y a su vez provienen del hábitat de Dios que es lo sobrenatural. Dios es espíritu, y a través de Su Espíritu nos revela como movernos y operar en las dimensiones.

Honremos a nuestros padres naturales y espirituales de manera correcta, para que repose el diseño original en cada uno de nosotros, para que nuestra carrera sea exitosa y fructífera en gran manera. Un hijo honrando, es un hijo duplicando. Un padre identificando, es un padre duplicando.

Que honor y privilegio, que personas tan cambiantes y llena de errores como nosotros, podamos cargar el poder para duplicar los diseños del cielo y llevarlos a cabo en la dimensión natural. Usted es más importante de lo que cree y parece; si así no fuera, le aseguro que ni siquiera hubiera sido fecundado en el vientre de su madre. Usted vale más como diseño original que como diseño copiado. No imite a nadie, mas que a su padre Celestial, natural y espiritual. Los demás son espejismos.

gobierno

SOBRENATURAL

7 Porque tres son los que dan testimonio en el cielo: el Padre, el Verbo y el Espíritu Santo; y estos tres son uno. (1 Juan 5:7 RVR1960).

Este versículo tiene un potencial revelador impresionante. Su contenido me cautiva de tal manera que pudiera no solo leerlo muchas veces, sino que en cada una de ellas recibo un incremento de revelación por su riqueza sobrenatural. Quiero usarlo como base por segunda vez (capitulo 2), para dar la plataforma de revelación con el fin de que entreveamos el ámbito divino con toda su belleza y su incomparable poder de gobierno. Si hablamos de gobierno, hablamos de política; si hablamos de política, hablamos del arte de gobernar.

El diccionario lo define asi: ∞ Ciencia que trata del gobierno y la organización de las sociedades humanas, especialmente de los estados ∞ o ∞ Actividad de los que gobiernan o aspiran a gobernar los asuntos que afectan a la sociedad o a un país. ∞

Tomándonos de estas definiciones, entendemos que Dios es gobierno y tiene todo el conocimiento (ciencia) para conducir y organizar al ser humano que el mismo a creado; por eso aquello esta revelado en su palabra. Dios es política, es un gobierno sobrenatural, una política divina.

Puedo entender perfectamente, que hablar de política y adjudicarle esto a Dios, puede sonar casi a herejía y nuestro pensamiento viaja de inmediato a la actividad o funcionamiento de personas en gobiernos corruptos. Pero una cosa es la política y otra cosa es quien este en posición de politizar. Todo ámbito político y de gobierno ha sido diseñado y creado por Dios. El apóstol Pablo nos revela a ciencia cierta una perla de alto precio que más de uno por mala interpretación ha desvalorizado.

Sométase toda persona a las autoridades superiores; porque no hay autoridad sino de parte de Dios, y las que hay, por Dios han sido establecidas. 2 De modo que quien se opone a la autoridad, a lo establecido por Dios resiste; y los que resisten, acarrean condenación para sí mismos.

(Romanos 13:1-2 RV 1960)

No hay duda que donde hay una autoridad, los que estamos debajo de ella debemos someternos. ¿por qué? *porque no hay autoridad sino de parte de Dios, y las que hay, por Dios han sido establecidas.* Aquí hay un principio divino que muchos están acostumbrados ha no obedecer. El apóstol Pablo dice que debemos someternos *a toda autoridad,* no a la que nos convenga o convenza. Pero ¿si se equivoca?, ¿si peca?, ¿si no me beneficia?, por ellos debemos orar.

No quiere decir que estemos de acuerdo o apoyemos conductas, proyectos o leyes que atenten a los principios de Dios, sino que esas personas están en una posición que Dios ha creado. Entonces ¿Dios puso a esa persona en autoridad? NO; Dios creo la posición de autoridad, a la persona la eligió por medio del voto popular el pueblo o por elección de proceso monarca. Y conforme es el pueblo, es el gobernante que tiene. Esto revela, que una posición de autoridad, no es un invento humano, sino un diseño divino. Los tipos de posiciones de autoridad si las ha creado el hombre, pero la autoridad en si misma, solo la otorga Dios. En muchos casos, vemos personas no idóneas o sin interés alguno en beneficiar al pueblo que los posiciono.

Y esto de verdad que trae una serie de resultados dolorosos que no podrán ser borrados por muchas décadas. La biblia esta llena de historias que revelan la autoridad; la de Dios, la de los profetas, también de los jueces, la de los sacerdotes, la de Jesús, la de los apóstoles y la de la Iglesia entre otras.

El gobierno es uno de los atributos más fuertes de Dios como tal. Dios no tiene un gobierno, Dios es un gobierno; y de allí se desprende su Reino entronando a Cristo, su hijo como heredero y cabeza principal de todo. Es Cristo quien trae a la tierra este Reino divino y lo revela de manera clara por medio del poder sobrenatural en enseñanza, predicaciones, sanidades y liberación.

26 Entonces dijo Dios: Hagamos al hombre a nuestra imagen, conforme a nuestra semejanza; y señoree en los peces del mar, en las aves de los cielos, en las bestias, en toda la tierra, y en todo animal que se arrastra sobre la tierra.

(Génesis 1:26 RV 1960)

En este pasaje del inicio de todas las cosas podemos observar que Dios esta hablando y comunicando una decisión de su voluntad, *Hagamos al hombre a nuestra imagen, conforme a nuestra semejanza*; con atención vea que dice nuestra imagen y nuestra semejanza, lo cual indica que para que la palabra nuestra tenga sentido, tiene que haber dos o más personas involucradas. Esta ha sido una de las causas más grandes de diferencias de pensamientos e interpretaciones del cristianismo; sin embargo, allí dice *nuestra imagen y nuestra semejanza.*

Aquí se revela lo que llamamos *Trinidad*. ¿Qué es la Trinidad? La trinidad es Dios y la palabra Dios se entiende que es un gobierno sobrenatural compuesto por tres personas sobrenaturales, *el Padre, el Hijo y el Espíritu Santo.* Ellos entre si son el consejo divino y eterno que cubren todos los tiempos; en Dios habitan los tiempos y la eternidad misma dándonos a entender que esas tres personas sobrenaturales tienen la misma esencia de divinidad y eternidad.

7 Porque tres son los que dan testimonio en el cielo: el Padre, el Verbo y el Espíritu Santo; y estos tres son uno.

(1 Juan 5:7 RVR1960).

Muchas personas y movimientos derivados del cristianismo sostienen que no existe tal trinidad, entonces no entienden que tres son los que dan testimonio en el cielo, o sea en la dimensión sobrenatural. Estas tres personas divinas forman el consejo más poderoso e inquebrantable existente y sus atributos son de igual manera solo diferenciándose en algunas funciones, posiciones y autoridad; pero ellos son un gobierno llamado Dios, aunque en la mayoría de los casos y aun en la Biblia, se use como nombre unipersonal la palabra Dios adjudicada solo al Padre.

De este gobierno llamado Dios o Trinidad, es que han salido todas las cosas que existieron, existen y pueden llegar a existir; todo nace desde aquí lo cual confirma y asegura que no hay otro origen, no existe otra fuente ni otra vida que no provenga de Dios. Según Génesis 1:26 Dios (el Padre) dice que el hombre y la mujer debían ser hechos con imagen y semejanza, lo cual claramente revela la intensión de una *Duplicación*.

¿Cuál fue el propósito de la creación?

El propósito de la creación no fue enviar un Salvador, sino duplicar el gobierno de Dios en la tierra para que el hombre y la mujer fueran la extensión del gobierno y consejo sobrenatural en la tierra en donde fue formado el ser humano. La tierra es la dimensión en donde Dios posiciono al ser humano y esa es su asignación. Esta duplicación responde a la voluntad del Padre con la intensión de que lo que es el cielo así mismo sea la tierra.

2 Y les dijo: Cuando oréis, decid: Padre nuestro que estás en los cielos, santificado sea tu nombre. Venga tu reino. Hágase tu voluntad, como en el cielo, así también en la tierra.

(Lucas 11:2 RV 1960)

En la oración, Jesús revela un código detonante *Hágase tu voluntad, como en el clelo, así también en la tierra* lo cual indica que en la tierra debe ser y suceder como lo es y sucede en el cielo; a esto le llamo duplicación. La creación entonces, responde a la voluntad de Dios, la tierra esta sujeta a la voluntad divina.

El ser humano de igual manera fue creado sobre el consejo sobrenatural cuando Dios dice *hagamos*; pero en la duplicación viene la *imagen* y la *semejanza* porque de allí entendemos que el ser humano tiene Su esencia que es nuestro espíritu y es sobrenatural; tiene Su imagen que es un diseño de gobierno porque seguido a esto Dios dice y *señoree* o sea que ejerza autoridad.

Entonces, *la imagen* de Dios en nosotros es el diseño de gobierno que portamos como Reyes y Sacerdotes y la semejanza es la esencia sobrenatural que nos da autoridad y posición como sus hijos. Esto nos da la capacidad y la habilidad por medio de Jesucristo de usar el poder sobrenatural para cumplir nuestro propósito profético en la tierra por el cual vinimos. Poderosa y trascendental es la oración de Jesús pidiéndole al Padre que las cosas sean como son en el cielo y se dupliquen en la tierra. Si en el cielo hay gobierno, que lo haya en la tierra; si en el cielo hay poder, que lo haya en la tierra, si en el cielo hay diseños, que los haya en la tierra. Y la primera duplicación claramente es el ser humano, hombre y mujer lo cual no indica que Dios tenga sexo, sino que la esencia de Él esta reflejada en el diseño del ser humano.

En cada atributo en el hombre y en la mujer se revela muchos de los aspectos de imagen y semejanza de Dios en el sentido de su desarrollo y función como tales. Por ejemplo, la mujer da vida en su vientre y el hombre engendra; Dios da vida y engendra hijos por medio de Jesucristo. La mujer alimenta a sus hijos y el hombre provee a su casa; Dios alimenta a sus hijos y les provee de todo lo necesario. Estos son solo unos ejemplos sencillos para poder sobreentender lo que quiero explicar respecto a que somos hechos a imagen y semejanza de Dios. Hablando de imagen y semejanza, entendemos que hay una duplicación en el diseño de gobierno sobre el ser humano que se refleja en la primera institución creada por el Padre que es el matrimonio. Este diseño es uno de los más poderosos que reflejan y manifiestan gobierno; ya que juntos el hombre y a mujer ejercen legítimamente gobierno sobre sus vidas y la de sus hijos.

28 Así mismo el esposo debe amar a su esposa como a su propio cuerpo. El que ama a su esposa se ama a sí mismo, 29 pues nadie ha odiado jamás a su propio cuerpo; al contrario, lo alimenta y lo cuida, así como Cristo hace con la iglesia, 30 porque somos miembros de su cuerpo. 31 «Por eso dejará el hombre a su padre y a su madre, y se unirá a su esposa, y los dos llegarán a ser un solo cuerpo».[a] 32 Esto es un misterio profundo; yo me refiero a Cristo y a la iglesia. 33 En todo caso, cada uno de ustedes ame también a su esposa como a sí mismo, y que la esposa respete a su esposo.

(Efesios 5:28-33 RV 1960)

Aquí tenemos las dos maneras principales de cómo el matrimonio se gobierna ha si mismos; no es por medio de gritos, insultos, autoritarismo, machismo o matriarcado, sino por *amarse* y *respetarse.* Esta es la manera confirme ha Dios de gobernarse un matrimonio y dentro de esas maneras se desprenden las responsabilidades, los compromisos, las obligaciones y demás.

Hijos, obedeced en el Señor a vuestros padres, porque esto es justo.2 Honra a tu padre y a tu madre, que es el primer mandamiento con promesa; 3 para que te vaya bien, y seas de larga vida sobre la tierra.

(Efesios 6:1-3 RV 1960).

Los hijos son gobernados por medio de la voluntad de sus padres manifestada en ordenes, instrucciones, aprobaciones y/o prohibiciones. Es la obediencia el medio por el cual un hijo responde al gobierno de sus padres ya que esto es el consejo del matrimonio que para los hijos es su autoridad mayor y directa. Este gobierno llamado matrimonio que dijimos es una duplicación del gobierno divino, también es sobrenatural en su esencia ya que esto proviene de Dios y debe ser desarrollado bajo esos principios; aquí es donde podemos entender que todo diseño es santificado por Dios para que funcione correctamente.

4 Honroso sea en todos el matrimonio, y el lecho sin mancilla; pero a los fornicarios y a los adúlteros los juzgará Dios.

(Hebreos 13:4 RV 1960)

El matrimonio como diseño duplicado contiene la misma esencia tanto el hombre como la mujer. Si bien, el hombre es la autoridad de la mujer, pero ambos comparten la esencia como tales, es decir que son coherederos. El apóstol Pedro habla de esto muy claro dándonos la revelación que destruye todo principio de machismo o matriarcado y posicionando el diseño divino como fue creado.

7 Vosotros, maridos, igualmente, vivid con ellas sabiamente, dando honor a la mujer como a vaso más frágil, y como a coherederas de la gracia de la vida, para que vuestras oraciones no tengan estorbo.

(1 Pedro 3:7 RV 1960).

Esta pudiéramos como catalogarla como la tercera manera de gobernar el matrimonio, dando honor a la mujer; porque ella es *coheredera* de la vida lo cual significa que tiene los mismo derechos. **Coheredera** significa que es igual; la diferencia con el hombre es que el es la cabeza del matrimonio y de la casa, como el Padre lo es en todas las cosas y en la trinidad divina.

¿Cuál es entonces el propósito divino del Gobierno Sobrenatural?

El propósito divino es *duplicar* el gobierno, la esencia, duplicar los diseños, la cultura, la multiplicación, el poder del matrimonio como una institución legal; es por eso que para que un matrimonio sea como tal, debe ser legalizado hoy en día ante las autoridades competentes.

Es en el matrimonio donde nace la duplicación en la tierra de los diseños del cielo ya que   este   establece la familia y la paternidad pertinentemente dando entrada a Dios de manera practica y espiritual; en el matrimonio esta la capacidad de reflejar y evidenciar el gobierno sobrenatural.

la voluntad

DEL PADRE

CAPITULO **04**

"No puedo yo hacer nada por mí mismo; según oigo, así juzgo; y mi juicio es justo, porque no busco mi voluntad, sino la voluntad del que me envió, la del Padre. Si yo doy testimonio acerca de mí mismo, mi testimonio no es verdadero."

(Juan5:30 -31 RVR1960).

Vimos en el capitulo anterior, que existen claramente tres expresiones de paternidad que las denominamos dimensiones. Ellas son: el *Padre Celestial*, el *Padre natural o biológico* y el *Padre Espiritual*. Es importante mencionar dos cosas primordiales para entender a profundidad esta revelación.

La primera es que ninguna de las tres dimensiones suplanta a la otra; es decir, si una persona carece de un padre espiritual, aquello no puede suplantarse por un padre natural; si alguien carece de conocimiento del Padre Celestial aquel no puede suplantarse por un Padre Espiritual; ninguna reemplaza a la otra, ya que cada una cumple su función en la dimensión que corresponde.

Lo segundo es que a pesar de sus obvias diferencias,

comparten un factor en común, y esa es que los tres tienen voluntad propia. Cuando hablamos de voluntad, nos referíamos a la capacidad de una persona para decidir con libertad lo que se desea y lo que no, según el diccionario. Entonces, la voluntad de una persona es una capacidad que posee para tomar decisiones.

Conforme al ámbito en el que está o se mueva una persona, es como usa esa capacidad y con ella las decisiones que toma. Una persona puede usar de su voluntad, para decidir lo mejor y conveniente. Por ejemplo, si hablamos de un hombre este tiene la capacidad de tomar decisiones en su hogar, con su familia, en su trabajo, en su profesión o en su negocio. Según cada uno de esos ámbitos es la decisión que tomará; esto lo hace a través de su **voluntad**. Sean buenas o no las decisiones, estas provienen de su voluntad. Es la *voluntad* la que otorga al padre la autoridad para decidir con la capacidad que tiene como tal. En las tres dimensiones paternales, encontramos este mismo factor.

El *Padre Celestial* tiene todas las capacidades sobrenaturales para tomar decisiones conforme a su *voluntad*. Esta misma, esta plasmada para la humanidad en la Biblia, mediante mandamientos, leyes, imposiciones, estatutos, principios de sabiduría, parábolas y consejos útiles y prácticos que no dejan todos de ser sobrenaturales a favor de cada persona. Vale destacar que, por esta razón, la Biblia tiene máxima autoridad sobre el ser humano.

Esta *voluntad*, es un manual de vida para cada persona que pretenda agradar a Dios y caminar en sus caminos. Cada hijo de Dios, esta directamente comprometido ha hacer su *voluntad*.

¿Como hacer la voluntad de Dios? Obedeciendo todo lo expresado por Dios en su palabra y todo lo que el Espíritu Santo pueda comunicar proféticamente en cada temporada.

Recordemos que, para agradar al *Padre Celestial*, debemos adorarlo y obedecerle en todo. Aun la Biblia revela, que cuando el ser humano desobedece a Dios, o sea a su palabra que es su voluntad, tiene consecuencias por dicha actitud. Es allí donde debemos ser entendidos, que no solo es conocer la palabra de Dios, sino ponerla por obras.

El *Padre Natural o Biológico*, tiene las capacidades naturales para conducir el hogar y a sus hijos; esto lo hace tomando decisiones bajo su *voluntad*. También tiene la autoridad para que esas decisiones sean expuestas y a su vez acatadas por sus hijos.

La voluntad del *Padre Natural o Biológico*, esta expresada en cada instrucción, aprobación, prohibición y hábitos de vida enseñados por el. Todo estilo o principio de vida que enseñe, esa es su *voluntad*.

Esta voluntad, es un manual de conducta para los hijos mientras ellos estén bajo su techo, dependencia y cobertura. Los hijos deberán agradar al padre, obedeciendo y poniendo atención a esos patrones de vida, que son la voluntad de su padre. Cuando esto no es hecho correctamente, el padre corrige de distintas maneras a los hijos, volviéndolos a su *voluntad*. Cada hijo, esta directamente comprometido ha hacer su voluntad.

El buen funcionamiento de un hogar, también depende de los hijos tomando la *voluntad* del padre. También, en el *Padre Natural o Biológico* es parte de su autoridad expresar e impartir a sus hijos su *voluntad*. Es primordial que los hijos conozcan a profundidad según vallan creciendo y entendiendo, la *voluntad* de su padre, para que también ellos sean formados como tal y caminen llevando adelante ese estandarte paterno correctamente.

El *Padre Espiritual*, también tiene las capacidades y autoridad como tal, en los ámbitos espirituales que según los hijos permitan, pueden ayudar y afectar para bien muchos ámbitos naturales. Es aquí donde profundizaremos un poco mas, ya que vivimos tiempos donde Dios esta restaurando esta tercera dimensión de paternidad, la *Paternidad Espiritual*.

El *Padre Espiritual* es una *asignación*, no una elección. Cuando hablamos de asignación, nos referimos a que el encuentro entre un padre y un hijo espiritual esta agendado y diseñado por el *Padre Celestial*. Si bien hay un proceso natural para dicho encuentro, pero ya esta de antemano diseñado divinamente. Es allí donde tenemos la certeza que esta bendición viene directamente de la eternidad ya que todos los tiempos están resguardados en la agenda sobrenatural de Dios.

El *Padre Espiritual* es la *imagen de Dios*, no solo un hombre de Dios. No es Dios, es su imagen ya que ese hijo acudirá a el en la mayoría de los casos, para toda necesidad de índole ministerial y espiritual. En la palabra de Dios, encontramos este concepto autorizado y establecido por Dios, cuando un hombre espiritual tiene la autoridad para gobernar.

Jehová dijo a Moisés: Mira, yo te he constituido dios para Faraón, y tu hermano Aarón será tu profeta.

(Éxodo 7:1 RV 1960)

Podemos notar que la palabra dios esta en minúscula, lo cual garantiza que Moisés nunca tomaría el lugar del *Padre Celestial*, sino el lugar de imagen de Dios.

Es aquí donde entendemos que el hombre espiritual que se convierte en *Padre Espiritual*; ejerce gobierno sobres sus hijos de igual manera que en las otras dos dimensiones anteriores. Es por eso que el *Padre Espiritual* tiene la autoridad, no solo la capacidad.

Para muchos cristianos, tener un padre espiritual solo significa tener a alguien con capacidad de orar, ayunar y dar uno que otro consejo; pero esto no es solamente así. Una verdadera relación de paternidad espiritual llegara mucho mas profundo, por medio del pacto entre ambos para que el Padre Espiritual pueda *establecer su voluntad* sobre el hijo y este la haga parte fundamental de su vida espiritual y ministerial. No se trata de eliminar el poder de decisión de un hijo, sino de que un hijo este sometido a la voluntad paterna.

El versículo inicial, revela este punto que estamos desarrollando. Jesús fue, es y será el Unigénito hijo de Dios. El vino a la tierra ha traer y revelar el gobierno de su Padre y ha manifestarlo sobrenaturalmente. Todo lo que hizo y manifestó, lo hizo estando de acuerdo con su *Padre Celestial*. El párrafo bíblico dice que *No puedo yo hacer nada por mí mismo; según oigo, así juzgo; y mi juicio es justo*, esto indica que todo lo que Jesús hacia estaba bajo instrucción del Padre Celestial.

Cuando Jesús dice no puedo hacer yo nada por mi mismo, no esta refiriendo esto ha una incapacidad o ha una falta de algo, sino a un principio llamado *Sometimiento* al Padre. Jesús nada podía hacer por su propia cuenta porque cada paso que dió y cada cosa que hizo estuvo alineada y autorizada por su Padre. Aquí vemos en todo su esplendor que, para Cristo, la voluntad de su Padre era primordial aunque sobre Él reposaba todo el poder para hacer todas las cosas. Que tengamos el poder, el ministerio y la unción para hacer muchas cosas espirituales no indica que debamos hacerlas, a menos que estemos autorizados por el Padre espiritual a hacerlas.

Muchos confunden su llamado y/o ministerio con una suerte de independencia, esto **no es bíblico**. El llamado y ministerio es personal, pero no para caminar independientes, sino *haciendo la voluntad del Padre Celestial y del Padre Espiritual. ¿por qué esto así? Porque el Padre Espiritual podrá revelar mucho de la voluntad del Padre Celestial.*

En más de veinte años de ministerio, he visto a muchas personas meterse en situaciones difíciles naturales y espirituales por hacer cosas que son completamente bíblicas, pero sin el respaldo de una autoridad paterna. Es allí donde comprobamos que la autoridad de un *Padre Espiritual*, tiene potestad, y no solo influencia. El padre puede influenciar de la mejor manera posible al hijo, pero también tiene potestad para abrirle caminos y enviarlo ha hacer la obra del ministerio. Esa potestad esta otorgada al mismo por el *Padre Celestial*, dentro de su llamado y facultades espirituales. Es por eso lo indispensable y necesario, ambos padre e hijo puedan establecer una fuerte y solida relación; sin relación no se manifestará la potestad del padre sobre el hijo ni el sometimiento del hijo hacia el padre.

Entonces, en las tres dimensiones hacer la voluntad del padre, llevará al hijo a profundizar la relación, a ser empoderado con el poder del envío; a tener mayor autoridad y nunca caminar solo en los senderos de la vida ministerial.

El sometimiento tiene que ver con la voluntad.

La palabra sometimiento significa hacer que una persona o cosa reciba una acción o instrucción determinada. El padre puede dar instrucciones a la que los hijos se deben someter, ya que aquello proviene de su voluntad; si no te sometes a esa voluntad tampoco a la persona de la misma. Muchos creen que someterse u obedecer esta condicionado a su propio análisis de lo que se instruye, esto no es así. Debe un hijo someterse a la voluntad de su padre por obediencia sin calificar dicha orden.

En las cosas espirituales hay un principio de honra y sometimiento, ya que todo funciona por un Reino. Nada sucede por casualidad, nada sucede por obviedad. Por lo tanto, someterse es reconocer que solo no puedes ni debes hacer nada en la dimensión espiritual. Es impresionante el orden con lo que el mundo espiritual se mueve; todo tiene un orden y ese orden revela que cada cosa que acontece esta sometida a un principio de autoridad. El Padre Celestial ha diseñado un estilo de vida y conducta en la dimensión sobrenatural. Todo se sujeta a Él, mediante leyes espirituales ya que ellas son su voluntad.

Entonces el sometimiento a la voluntad paterna es primordial para quien pretenda tener autoridad espiritual. Si esto no fuera así, Jesús no hubiera necesitado del Padre; ni siquiera dependido de Él. Pero en todo su transitar mesiánico, el Señor camino de la mano del Padre y eso lo posiciono hasta que fue ascendido al Cielo. Establecer el Reino de Dios no es para cualquiera, sino para hijos de Dios que estén dispuestos a someterse al cielo y sus diseños, entre esos la *Paternidad Espiritual*. **El sometimiento produce autoridad en el hijo**.

Veamos un poco más a fondo este panorama, ya que para muchos les es difícil aceptar la necesidad de un padre en el ministerio y poder someterse al mismo. Jesús fue un hombre sometido, por eso puedo someter todo lo espiritual y natural.

Para que el reino de las tinieblas se someta, debemos nosotros estar sometidos a nuestra autoridad; ya que dicho reino responde solo a la autoridad. Pero, ¿no se somete al nombre de Jesús? ¡Por supuesto que si! Pero no podemos ejercer el poder de ese nombre, estando nosotros sin sometimiento a la autoridad. El nombre de Jesús, no es una esfera mágica ni un talismán; es el nombre más poderoso en el cielo y en la tierra, pero activa su poder sobre personas sujetas y sometidas a autoridad.

Los milagros también suceden por causa de la autoridad. Todo es en el nombre de Jesús, pero funciona con quienes caminan bajo sometimiento. Veamos un caso bíblico y conocido, respecto a este tópico.

5 Entrando Jesús en Capernaum, vino a él un centurión, rogándole, 6 y diciendo: Señor, mi criado está postrado en casa, paralítico, gravemente atormentado. 7 Y Jesús le dijo: Yo iré y le sanaré. 8 Respondió el centurión y dijo: Señor, no soy digno de que entres bajo mi techo; solamente di la palabra, y mi criado sanará. 9 Porque también yo soy hombre bajo autoridad, y tengo bajo mis órdenes soldados; y digo a éste: Ve, y va; y al otro: Ven, y viene; y a mi siervo: Haz esto, y lo hace. 10 Al oírlo Jesús, se maravilló, y dijo a los que le seguían: De cierto os digo, que ni aun en Israel he hallado tanta fe. 11 Y os digo que vendrán muchos del oriente y del occidente, y se sentarán con Abraham e Isaac y Jacob en el reino de los cielos; 12 mas los hijos del reino serán echados a las tinieblas de afuera; allí será el lloro y el crujir de dientes. 13 Entonces Jesús dijo al centurión: Ve, y como creíste, te sea hecho. Y su criado fue sanado en aquella misma hora.

(Mateo 8:5-13 RV 1960)

¡Que historia más impresionante! Un encuentro de autoridades produciendo milagros. Había un enfermo y cualquier predicador que no tenga revelación de seguro enfatizará su mensaje solo en el milagro de sanidad inmediato o en la fe de la que Cristo se asombra. Nunca quitaríamos de vista y admiración un milagro; pero este versículo tiene muchas más riqueza aún. Seria tan grande el respeto y honra de este centurión hacia Cristo, que consideró que no era digno que el Señor fuera a su casa; sino que con una palabra de autoridad era suficiente para que su siervo sanara por completo.

Sin duda alguna, el entendía de la potestad de tener autoridad. El mismo lo expresa *9 Porque también yo soy hombre bajo autoridad, y tengo bajo mis órdenes soldados;*

y digo a éste: Ve, y va; y al otro: Ven, y viene; y a mi siervo: Haz esto, y lo hace. ¿Qué esta hablando el centurión? Principios de sometimiento y códigos de autoridad. Pero revela una dimensión que existe y funciona igual en el mundo espiritual y ministerial; el dice *soy hombre bajo autoridad, y tengo bajo mis órdenes soldados*; nadie puede ejercer autoridad, si no esta bajo una mayor a si mismo.

La sorpresa fue para Jesús, quien responde con dos valores sobrenaturales *10 Al oírlo Jesús, se maravilló, y dijo a los que le seguían: De cierto os digo, que ni aun en Israel he hallado tanta fe.* El Señor **se maravillo** y dice que no había antes ni en Israel encontrado **tanta fe**, no dice *fe*, dice *tanta fe*. O sea, que alguien bajo sometimiento y ejerciendo autoridad tiene la facultad de manifestar una fe que provocará milagros instantáneos sobrenaturales. Entonces, ¿por qué *tanta fe*? Porque quien esta bajo autoridad tiene la garantía de que quien le gobierna respaldará y dará empoderamiento a cualquier orden o indicación.

Muchos ministerios de estos tiempos, viven ciclos o temporadas de milagros. No suceden siempre, son como si del cielo solo vinieran olas repentinas, pero no permanentes, es como si Dios estuviera interesado en sanar por ciertos tiempos. Pero esto no es así. Muchos no pueden operar en milagros porque estaban desconectados a un diseño de autoridad y por lo tanto a un *Padre Espiritual*. Es por eso que es esporádica la manifestación sobrenatural en sus Iglesias y/o ministerios.

¿Como vivir continuamente bajo movimiento sobrenatural? Vida de oración, vida de ayunos, vida de consagración, vida alineada a la palabra de Dios, vida apartada del pecado, vida arrepentida, vida investida del Espíritu Santo y vida bajo autoridad Paterna entre otras. Esto nos llevará a una plataforma de poder y cualquier cosa se ha de someter en el nombre de Jesús.

Jesús se mantuvo sometido a la voluntad del Padre, pero también a la voluntad de María, su madre en la tierra. El primer milagro de Jesús, sucede por causa de su poder, pero también por estar sometido a la autoridad bajo la que estaba que era su madre. Vamos a recorrer este poderoso mensaje por partes.

Al tercer día se hicieron unas bodas en Caná de Galilea; y estaba allí la madre de Jesús. 2 Y fueron también invitados a las bodas Jesús y sus discípulos. 3 Y faltando el vino, la madre de Jesús le dijo: No tienen vino. 4 Jesús le dijo: ¿Qué tienes conmigo, mujer? Aún no ha venido mi hora. 5 Su madre dijo a los que servían: Haced todo lo que os dijere.

(Juan 2:2-5 RV 1960)

Siempre entre madres e hijos hay códigos o formas de hablar para que los hijos entiendan sin darles mucha explicación. En plena boda se acaba el vino y esto podría perjudicar la fiesta. Cuando los sirvientes van con María, lo hacen por la razón que sabia quien era ella y su hijo que le acompañaba. Muy cierto es, que Jesús nada tenia que hacer en esa boda, mas que disfrutar, divertirse y celebrar a a los novios; por eso es que responde *¿Qué tienes conmigo, mujer? Aún no ha venido mi hora.*

¿Quién detiene a una mamá orgullosa de su hijo y con la certeza que puede hacer un gran milagro? Nadie. Entonces, María usó legítimamente de su autoridad y agregó a los que servían: *Haced todo lo que os dijere.* Dijimos que una verdadera autoridad debe basarse en una verdadera relación. Es por esto, que debemos ver que esté sería el primer milagro publico que Jesús haría, pero no el primero en suceder. Sin lugar a duda, aunque no esta comprobado, Jesús tuvo que haber manifestado otros milagros que solo su madre vio y comprobó para que ella pudiera testificar con certeza y de primera mano *Haced todo lo que os dijere.*

Muchos de nuestros frutos y milagros, primero los vera y comprobara nuestra autoridad, antes que Dios nos active y/o envíe a lo publico.

Jesús en ningún momento dado, se negó o puso en tela de calificación la orden de su madre, su autoridad. Fue su obediencia de inmediato y por esto mismo, pudo hablar con autoridad con los empleados de la boda. Quien camina bajo autoridad, puede dar ordenes reales.

*Y estaban allí seis tinajas de piedra para agua, conforme al rito de la purificación de los judíos, en cada una de las cuales cabían dos o tres cántaros. 7 **Jesús les dijo: Llenad** estas tinajas de agua. Y las llenaron hasta arriba. 8 **Entonces les dijo: Sacad** ahora, **y llevadlo al maestresala**. Y se lo llevaron. 9 Cuando el maestresala probó el agua hecha vino, sin saber él de dónde era, aunque lo sabían los sirvientes que habían sacado el agua, llamó al esposo, 10 y le dijo: Todo hombre sirve primero el buen vino, y cuando ya han bebido mucho, entonces el inferior; mas tú has reservado el buen vino hasta ahora.*

(Juan 2:6-10 RV 1960)

Después de haberse sometido Jesús a su madre, dio tres indicaciones a los servidores de la boda, que llenaran las tinajas, que sacaran del agua convertida en vino y que aquello lo llevaran al maestresala. Todo esto sucedió en un plano legitimo de autoridad; sigamos el mapa: la necesidad de vino llevo a los servidores a ir con María la cual de inmediato refirió a Jesús la situación. El sorprendido menciona que su tiempo de lo público aun no estaba activado, pero tuvo que hacer el milagro porque su madre lo activo diciéndoles a los servidores que hicieran tal cual el les indicará. El Señor da las ordenes y ya la ruta del milagro estaba concluyendo.

Pero ¿En que momento Jesús oro?, ¿en que momento

dijo un montón de palabras? Solo dio indicaciones y mientras las daba, el milagro sucedió, ¡Esto es impresionante! El obedeció a su madre y el cielo respondió instantáneamente. Esto es completamente sobrenatural ya que fue un milagro espontáneo, inmediato y creativo. No quiero atentar con esto a la óptica legalista de muchos que pueden interpretar que estoy descalificando la oración, para nada; sino que hay milagros que son la consecuencia de una vida y actitud de sometimiento a la autoridad.

Cuando Jesús da la orden de llevar el vino al maestresala, allí Cristo muestra su madurez sometiéndose a una segunda autoridad del momento, el maestresala. ¿quién era el? Un maestresala era un criado principal que servía la mesa de un señor y probaba la comida y bebida para garantizar que no contenía veneno. En otras palabras, era la autoridad de administrar toda la boda en cuanto ha lo que se servía en las mesas. Él era una autoridad y Jesús lo respeto como tal; esto nos revela que cuando alguien esta sometido a una autoridad paternal, no tiene inconveniente alguno de respetar y responder como tal a cualquier autoridad del momento.

*11 Este **principio de señales** hizo Jesús en Caná de Galilea, **y manifestó su gloria**; y **sus discípulos creyeron en él**. 12 Después de esto descendieron a Capernaum, él, su madre, sus hermanos y sus discípulos; y estuvieron allí no muchos días.*

(Juan 2:11-12 RV 1960)

Caminando bajo sometimiento a la voluntad paterna, nos encontraremos con un vasto campo de milagros y resultados divinos que Dios nos otorgará por esta razón. Siempre una persona de autoridad le será provista por Dios otras personas que le secunden y aprendan de si. Es por eso que Jesús comienza la era de los milagros nunca antes vistos desde un principio de autoridad lo cual llevo su fama a todo Israel y sus alrededores. Ahora bien, los novios y los participantes de la boda en Galilea pudieron seguir disfrutando del festín por el cual estaban convocados de manera normal, pero para los discípulos que Jesús tenia esto fueron señales claras de quien era el, que llevaron a sus corazones a creer plenamente en el Señor. El pasaje bíblico dice que fueron principios de señales que Jesús hizo y que también manifestó su Gloria, esto significa que dio a conocer su esencia sobrenatural públicamente, lo cual aun no había sucedido. Esto trajo la credibilidad a sus discípulos y los afirmo en su decisión de seguirle.

Un cristiano bajo un *padre espiritual*, sometido y en obediencia podrá manifestar la esencia del *Padre Celestial* de otro modo no le será posible. La Gloria de Dios no pudiera jamás reposar sobre un orgulloso, vanidoso, independiente, rebelde o reacio a los diseños sobrenaturales y ha someterse a la autoridad, porque la Gloria de Dios es su propia esencia, su Espíritu, su personalidad.

Dios puede usar a quien Él quiera, pero no es lo mismo que use una persona a que le confíe su Gloria para ser manifestada; ser usado es manifestar su poder sobrenatural, manifestar su Gloria es manifestarlo a Él mismo. Su Gloria demandará de vasos limpios, santos y bajo autoridad.

Dice el versículo que *los discípulos creyeron en él*, porque la autoridad te hace creíble en un Reino de autoridad. Podremos enseñar a muchos discípulos muchas cosas, pero nada nos hará mas creíbles que manifestar la esencia del Padre Celestial.

La operación correcta de un hijo, es la que el padre le ordena. La paternidad se desarrolla a través de los hijos, no del Padre. Un hombre dijimos se convierte en padre cuando engendra un hijo y en la *Paternidad Espiritual* sucede de igual manera. Estar bajo el gobierno de un padre es hacer exactamente lo que el indica y como lo indica ya que el padre es quien gobierna dicha paternidad. Hoy nos encontramos ante un panorama muy distorsionado al respecto, ya que muchos padres han perdido su autoridad con sus hijos teniendo ellos que consultarles por decisiones que solo le compete a la dimensión paternal.

Todos los diseños están distorsionados por falta de revelación y falta de conocimiento de los principios de Dios lo cual lleva tarde que temprano a desvirtuar la familia, el matrimonio, el ministerio y aun afecta a las relaciones de paternidad espiritual en todas sus expresiones. Es por eso que Dios esta restaurando esto para restituir al mundo su obra y diseño divino.

¿Cual es la diferencia entre obedecer al padre y hacer su voluntad?

Cuando *obedeces al padre*, **respondes** a su **investidura** de figura paterna, a su posición de autoridad y a su capacidad de gobierno como tal. Es allí donde la mayoría de las personas creen que se están sometiendo o son entendidos en autoridad, sin embargo no es esto el todo.

Cuando *haces la voluntad* del padre, **respondes** a una **relación íntima** con el que se ha formado con el tiempo y que tiene solidez y profundidad absoluta. Estas códigos y diferencias aplican en las tres dimensiones paternales ya que hacer la voluntad del *Padre Celestial, del Padre Natural o Biológico y del Padre Espiritual es revelar la profundidad y la seriedad de la relación en cada dimensión.*

La *obediencia* al Padre **revela tu corazón**, pero *hacer la voluntad del padre* revela **tu condición de hijo**. Esta es una gran diferencia si la observamos con lupa. No es lo mismo manifestar el corazón que tener una condición; esto es lo que marca distancias abismales entre los hijos de Dios, los hijos de un matrimonio y los hijos espirituales.

Retomando el versículo inicial, la ultima frase dice *Si yo doy testimonio acerca de mí mismo, mi testimonio no es verdadero*; esto es la máxima revelación de la condición de alguien en posición de hijo. Jesús no fue enviado a la tierra para hablar de si mismo, sino a revelar al Padre y eso fue exactamente lo que hizo, aunque la expresión *mi testimonio no es verdadero*, no significa que si hablara de Él mentiría, sino que carecería de propósito y autoridad. El se manifestó y con ello evidencio quien lo envió, pero su revelación hablaría del Padre Celestial, no de Él como hijo. Si hubiera hablado de él mismo, hubiera hecho su voluntad y un hijo que hace su propia voluntad, revela que es huérfano o es rebelde al padre asignado.

Cristo entendía de esa diferencia en no solo obedecer, sino también en mantener su condición de hijo. Cuando se trata de estar con el padre o manifestar al padre, nunca se debe perder la condición de hijo. Cuando en lo personal me toca disfrutar tiempo con mis apóstoles, mis padres espirituales trato de no hablar y mi silencio no es mas que un respeto y una necesidad de escuchar de sus labios sabiduría y revelación. Jamás pierdo mi posición de hijo. Sin embargo, cuando estoy con mis hijos espirituales, hablo esperando que ellos tengan la misma actitud de su posición de hijos.

Un hijo verdadero representa al padre, no ha sí mismo y su mayor demostración será cumplir con la voluntad de su padre porque da por entendido que esa es su responsabilidad; esto lo lleva a tener claro quien es el padre para ese hijo y jamás pudiera competir contra el. Es por eso, que insisto en la necesidad de una relación reciproca donde el padre conoce al hijo y viceversa ya que juntos podrán establecer ideas, proyectos, misiones, planes y todo lo referido al propósito de Dios en cada uno.

El padre debe conocer los propósitos del hijo para impulsarlo y ayudarlo a lograrlos; pero también el hijo verdadero y sometido, conocerá los propósitos y voluntad del padre para trabajar en conjunto en una misma agenda.

El hijo entiende que estar bajo paternidad es estar comisionado, no entretenido. Hay dirección, metas y propósitos en la paternidad. Pero en realidad, es el hijo el que busca al padre para esto con inteligencia y madurez; ya que ambos se necesitan para desarrollar dicha comisión.

Esa encomienda es tan poderosa que los hijos saben que no están en una verdadera paternidad si solo son entretenidos. Una verdadera paternidad espiritual impulsará y activará a los hijos espirituales a aprender, crecer, formarse, equiparse, cambiar, ser transformados, subir de nivel, experimentar nuevas dimensiones espirituales, impartición de ADN y todo lo referido a la voluntad del padre.

El hijo debe estar más preocupado en manifestar al padre, que a sí mismo porque el hijo tiene esa comisión, entonces se dedica a ello y es cuando entonces que el hijo reconoce que su propia voluntad es ineficaz ante el padre, porque es hijo. No se trata que es menos, sino que nunca pierde el sentido de su posición de hijo, como el padre tampoco su posición de autoridad paternal.

Cuando en la relación paternal hay un verdadero pacto y una relación profunda, los hijos mueren a su voluntad, para hacer la voluntad del padre; pero como dije *cuando hay un verdadero pacto y una relación profunda*. Jesús demostró esto en uno de los momentos mas críticos y contrarios de su vida, en el huerto de Getsemaní. De alguna manera, quisiera conectar este episodio de las Escrituras con lo que hable anteriormente del sometimiento del Señor a su madre María.

39 Y saliendo, se fue, como solía, al monte de los Olivos; y sus discípulos también le siguieron. 40 Cuando llegó a aquel lugar, les dijo: Orad que no entréis en tentación. 41 Y él se apartó de ellos a distancia como de un tiro de piedra; y puesto de rodillas oró, 42 diciendo: Padre, si quieres, pasa de mí esta copa; pero no se haga mi voluntad, sino la tuya. 43 Y se le apareció un ángel del cielo para fortalecerle. 44 Y estando en agonía, oraba más intensamente; y era su sudor como grandes gotas de sangre que caían hasta la tierra.

(Lucas 22:39-44 RV 1960)

Esta historia a simple vista puede ser una de las más tristes por las cuales Jesús haya pasado; sin embargo, también es una de las más poderosas porque contiene una de las demostraciones más extremas de sometimiento a la autoridad y obediencia casi incomprensible. El relato bíblico dice que él se apartó de ellos porque tenia que establecer por medio de la oración el cuarto privado para hablar con el *Padre Celestial* de un tema que podría afectar la historia de la humanidad y quebrar con el plan redentor. Esa oración de seguro, paralizo el cielo, la tierra y el infirmo porque se estaba sucediendo el momento mas determinante del Salvador, allí se preparaba la traición de Judas para que el Maestro fuera así llevado a los primeros cumplimientos de la profecía de su muerte. Parece que es exagerado, pero créame que es más que eso porque en la oración al Padre, el Señor revela cual era su voluntad como ser humano *si quieres, pasa de mí esta copa*; esto es tremendo porque en su humanidad, naturaleza o como quiera llamarle, Jesús no quería ir a la cruz, por eso humanamente apelo a una ultima opción de evitar la cruel cruz. Se que mas de uno esta pensando en quemar este libro o rasgar su vestidura por esto y lo respeto, pero eso es lo que dice las escrituras. *Pasa de mi esta copa* es si hay chance, evita el sufrimiento que viene por el cual termina mi tiempo en la tierra. Pero seguido, se revela la posición de un verdadero hijo sometido a la voluntad de su Padre que dice *pero no se haga mi voluntad, sino la tuya*; esto trajo el rompimiento más grande el ministerio de Jesús antes de resucitar de entre los muertos porque no fue distorsionado el diseño original de redención como lo había sido hecho en Edén por Adán. Es como una explosión en las dimensiones y esferas espirituales, ¡El sometimiento a la autoridad de Jesús estaba graduando la manifestación del plan divino y original! ¡Yo puedo escuchar ese ruido en mi espíritu y dar un grito de victoria por el!

¿Se da cuenta de algo? La obediencia y el sometimiento a la autoridad cambian historias, atmosferas y generaciones enteras. No hubo necesidad de cambiar el calendario divino; el *Padre Celestial* respondió al hijo de manera inmediata en su autoridad paterna de esta manera; *Y se le apareció un ángel del cielo para fortalecerle*, pero pregunto ¿Cuándo Jesús pidió fortaleza? El oro que se le diera chance de quitarle ese final y el Padre le envió un ángel para fortalecerlo. Esto es autoridad paterna en toda su expresión, ya que el Padre no tenia otra respuesta, entonces lo fortaleció enviándole un movimiento angelical por causa de su sometimiento. Esa es la voluntad del Padre a la que un hijo se somete y en los peores momentos siempre habrá ángeles a su favor. *No puedo yo hacer nada por mí mismo*, porque quien tiene comisión, a muerto ha su propia voluntad y se ha sometido hasta la muerte de su propio entendimiento.

Cristo conocía la asignación; pero también la voluntad del Padre. Muchos hoy conocen su asignación, llamado y ministerio, pero no conocen la voluntad del padre para con sus vidas, familias y ministerios. Para esto, recordemos algo: existe la voluntad del *Padre Celestial, La voluntad del Padre Espiritual y la voluntad del Padre Natural*. Cada una de ellas desata sobre un hijo dimensión, poder, autoridad y propósito. De aquí derivan interesantes apreciaciones que nos darán una óptica muy diferente respecto a nuestra autoridad paterna y nuestro desempeño con la mismo.

La Voluntad del Padre Celestial. La biblia nos enseña que existen leyes, mandamientos, obligaciones, parábolas y ordenanzas. Cada una de ellas tiene un tesoro escondido si nos son reveladas y nosotros las ponemos por obra. Cada una de estas perlas, son la voluntad de Dios hacia sus hijos en todos los tiempos. Leyes, mandamientos y demás que revelan su corazón a modo general y universal. Todo lo expresado por Dios en estas leyes, mandamientos, obligaciones, parábolas y ordenanzas son su perfecta y santa voluntad. Pero claro, surge una pregunta ¿cómo puedo conocer la Voluntad del Padre Celestial en lo personal? La voluntad del Padre celestial personal o individual, la revela el padre espiritual.

La Voluntad del Padre Espiritual. El padre conoce al hijo y el hijo conoce al padre. Entonces en base a esto, un padre espiritual debe tener la habilidad dada por el Espíritu Santo en su autoridad para revelar los tiempos y los secretos de Dios a ese hijo, siempre y cuando el hijo tenga el interés de conocerlo en un estado adecuado (ayuno y oración) y para su propósito en la tierra. Aunado a eso, el padre conoce al hijo por el trato, la relación, el convivio y los tiempos que pasan juntos. Es allí, donde el padre espiritual puede compartir con el hijo su corazón para que el hijo conozca aquello y lo tenga por alta estima. No es impuesta la voluntad del padre espiritual, sino que como el hijo esta bajo autoridad, humildemente la tomará y acomodará su vida a dicha revelación. Dicho tema, lo profundizaremos mas adelante.

La Voluntad del Padre Natural. Todo buen padre, tendrá buenos deseos y buena voluntad para sus hijos. En un porcentaje mayor, los padres deseamos lo mejor para nuestros hijos; una que logren y lleguen más lejos que nosotros mismos. Esto solo se lograría con varios factores, entre ellos: educación, formación, disciplina, consejería amor, experiencias y mas. Esos consejos que muchas veces los hijos rechazan son parte de una buena voluntad que a simple vista parecen sin sentido, pero al final del camino serán los que acompañen a esos futuros hombres y mujeres de bien. El esfuerzo de muchos padres por que sus hijos se preparen, estudien y se gradúen, revelan una buena voluntad; en otros casos, los padres introducen desde pequeños a sus hijos al negocio o empresa, para formarles y prepararles para el momento dado de la herencia. Esto hace a un buen padre, y esto hace a una buena voluntad paterna. Ésta, al igual que la voluntad del Padre Celestial y del padre espiritual son dignas de prestar atención y obedecer.

¿Qué tanto poder hay en la obediencia y en la voluntad del padre?

Obediencia, poder para prosperar. La obediencia según lo que Dios mismo dice en su palabra, es la que desata el estatus de bendición y prosperidad en todos los ámbitos en los que se desempeña un hijo de Dios, tanto en lo espiritual como lo natural. La obediencia provoca, atrae, desata, activa, hace fluir y acrecentar la bendición y prosperidad a cualquier persona que la practique como tal. Entonces, es imposible creer que habrá o vendrá prosperidad si estamos desobedeciendo a Dios.

Voluntad, para ser como el padre. *Jehová dijo a Moisés: Mira, yo te he constituido dios para Faraón, y tu hermano Aarón será tu profeta. 2 Tú dirás todas las cosas que yo te mande, y Aarón tu hermano hablará a Faraón, para que deje ir de su tierra a los hijos de Israel.* (Éxodo 7:1-2 RV 1960). ¿Cómo que Moisés fue constituido por Dios como un dios para Faraón? Si, por la intimidad que tenia con el Padre.

el poder de

LA AUTORIDAD

"Porque de Jehová es el reino, Y él regirá las naciones."

(Salmo 22:28 RVR1960).

Llegamos a la recta final de este libro **El Vientre del Padre**. Como broche de oro quiero hablar sobre el poder que radica en una autoridad paternal ya que hemos desarrollado las tres dimensiones y sus derivados. Creo totalmente que un padre es un diseño del cielo y con él la autoridad que representa poderosa e incomparable.

Dios es la máxima autoridad real, sobrenatural, pasada presente y futura; de Él deriva cualquier diseño o evidencia de autoridad por eso que claramente podemos ver que toda autoridad comienza por una cabeza. Dios es cabeza de todas las cosas.

27 pues Dios «ha sometido todo a su dominio». Al decir que «todo» ha quedado sometido a su dominio, es claro que no se incluye a Dios mismo, quien todo lo sometió a Cristo.

(1 Corintios 15:27 NVI)

Vemos en muchos ámbitos cotidianos funcionar una autoridad como una cabeza por ejemplo la familia, la Iglesia, un liderazgo, una empresa, una escuela, una profesión, etc. Es allí donde la autoridad puede iniciarse y desarrollarse conforme a su diseño original y su propósito por la cual ha sido establecido en el rango o dimensión.

¿Para que Dios estableció una cabeza como Autoridad?

Lo hizo para tres manifestaciones especiales; la primera es para traer un *orden divino*, la segunda para *gobernar en el Espíritu* y la tercera para mantener el *flujo del poder sobrenatural* sobre quienes esa cabeza gobierna. Es por estas razones que en todos los aspectos de la vida existe una cabeza que ejerce autoridad; en el ámbito sobrenatural la cabeza de autoridad máxima es el Padre, en la Iglesia es Jesucristo, en el gobierno de los cinco ministerios es el apóstol, en una familia es el padre y en el ministerio o vida espiritual es el *Padre Espiritual*.

Entonces, ¿qué es la cabeza?

La cabeza es la autoridad principal en un ámbito, donde gobierna sobre quienes están relacionados al mismo directamente. Es quien da las directrices y planea con sabiduría las mejores estrategias, consejos y planes para llevar adelante tal ámbito sin detenimientos ni atajos; la cabeza tiene autoridad para conducir aquello con total libertad y ejerce el mando bajo un lineamiento claro de desarrollo, trabajo y compromiso. La cabeza es quien tiene la visión clara de que se debe hacer y como; quien tiene la visión tiene la autoridad, y quien tiene la autoridad siempre será cabeza.

¿Qué establece la cabeza?

Por su propia autoridad, la cabeza establece un gobierno solido para poder extenderse y multiplicarse al mismo tiempo ya que su esencia es autoridad con lo que puede sabiamente armar su equipo de trabajo estableciendo pautas, conductas y hábitos para el mejor funcionamiento de dicho gobierno.

Es aquí donde un *Padre Espiritual,* por ejemplo, establece una familia de Reino con sus hijos.

¿Cuál es el origen de la cabeza?

El origen es Dios mismo. Si observamos detenidamente el versículo a continuación, podremos entender que todo se origina en el Padre Celestial desde la Eternidad; todo proviene de Él y para Él incluyéndonos a sus hijos como herederos cargando en nosotros el poder de ejercer y duplicar esta poderosa autoridad.

En el principio creó Dios los cielos y la tierra.

(Génesis 1:1 RV 1960)

En Dios se originan todas las cosas porque todo lo ha creado Él siendo el autor sobrenatural único y perfecto; nada ha hecho el hombre y mucho menos la ciencia antes que el Padre.

Todo se origina en Dios y Él usó de si mismo para crear todas las cosas para que nosotros las disfrutemos y no nos quede duda alguna que su creación es sobrenatural. De la nada o de la inexistencia tomo Dios para crear todo lo que es y lo que existe; su palabra salida de su boca origino todo lo que creado esta.

3 Y dijo Dios: Sea la luz; y fue la luz.

(Génesis 1:3 RV 1960).

¿Cuál es el propósito de la cabeza?

El propósito principal de la cabeza es establecer el gobierno sobrenatural que hablamos en el pasado capitulo 3; donde esa Trinidad que es la esencia de Dios como gobierno nos revela también las tres expresiones sobrenaturales de cada integrante del mismo, las cuales son el **Padre** como el *Originador,* el **Hijo** como el *Revelador* y el **Espíritu Santo** como la manifiestación de la esencia sobrenatural. Recordemos que los tres tienen la misma naturaleza divina, los mismos atributos sobrenaturales, los tres son Dios como partes del consejo divino, pero solo uno de ellos es la cabeza y este es el Originador ya que la cabeza es el inicio de un cordón de mando y el principio de todo nuevo diseño, en este caso **el Padre**.

26 Entonces dijo Dios: Hagamos al hombre a nuestra imagen, conforme a nuestra semejanza; y señoree en los peces del mar, en las aves de los cielos, en las bestias, en toda la tierra, y en todo animal que se arrastra sobre la tierra.

(Génesis 1:26 RV 1960).

El Padre mismo como cabeza, tuvo un consejo al que llamamos Trinidad por donde se creo y formaron todas las cosas *Hagamos al hombre*; no esta Dios hablando solo, sino con el resto del gobierno sobrenatural. Esto revela que aún el Padre mismo llegó a acuerdos con su gobierno para que todo fuera formado conforme a los diseños de su soberanía y evidenciando que este consejo es necesario en un gobierno y autoridad.

Hoy en día muchos no aceptan ni obedecen a los consejos que provienen de su autoridad paterna y terminan sobreponiéndose a dicha voluntad o instrucción tratando de negociar o cambiar el diseño de su autoridad. Es aquí, donde los hijos espirituales en muchos casos sufren consecuencias de tal acción; muchos de ellos argumentando que llegaron a dicha paternidad con años de experiencia, con conocimientos mayores o títulos teológicos o sencillamente con un currículo que puede verse asombroso, pero carece de sometimiento y rendición de cuentas a la autoridad. Si esto se mantiene en resistencia, la relación se romperá y el diseño de autoridad no lo llevara a su destino divino; porque lo que hace que las cosas se cumplan, es que los diseños sean duplicados como en el cielo, así en la tierra.

Es Dios por medio de la autoridad que establece desde un principio el orden de todas las cosas revelando que para Él el orden es una prioridad. Dios había creado y formado, pero a eso le tenia que dar orden, esto lo vemos desde los inicios de todo.

2 Y la tierra estaba desordenada y vacía, y las tinieblas estaban sobre la faz del abismo, y el Espíritu de Dios se movía sobre la faz de las aguas.

(Génesis 1:2 RV 1960).

Con esta base, comprobamos que todo necesita un orden en todos los sentidos y la cabeza como autoridad tiene la potestad de establecer dicho orden. Si hablamos a ciencia cierta, el orden no es un tópico muy popular que digamos, ya que cuando se establece orden queramos o no, se provoca rebelión. ¿como es esto? Si, se provoca rebelión ya que muchos al someterse ha una autoridad llegan a ella con áreas de sus vidas en desorden y al recibir las instrucciones u ordenes brota inmediatamente la actitud de resistir a aquello.

En lo personal, he visto ha mas de uno molestarse y rebelarse al momento de ser puesto en orden es mas, yo mismo he vivido episodios así. En cualquiera de las dimensiones de autoridad que podamos vivir, el orden es un propósito de Dios permeado por la cabeza; ya que tiene la facultad de remover lo que esta mal y establecer lo que debe ser. Todo lo que permanezca en desorden tendrá vacíos; Y la tierra estaba desordenada y vacía, ya había sido creada la tierra, pero estaba vacía y todo lo que carece de algo, carece de propósito y esto revela que aquello tiene todas las probabilidades de extinguirse y morir.

Pero aun mas, donde hay falta de propósito hay vacío y allí de seguro existe oscuridad. Y las tinieblas estaban sobre la faz del abismo siempre habrá tinieblas donde hay desorden y la función del *Padre Espiritual* es traer el orden divino para disipar la oscuridad en el área que estuviera oprimiendo al hijo. Es por eso la necesidad de caminar de la mano de un *Padre Espiritual* y ser guiados correctamente para así caminar en libertad y total luz.

El orden divino debe duplicarse como un orden en la tierra y en la vida de cada hijo de Dios y para esto debemos entender que vivir y hacer las cosas ordenadamente es el canal por el cual el poder, la unción, la bendición y todo lo que Dios pueda darnos, fluirá sin interrupción y sin detenimiento. Dios mediante su Espíritu nos ayudara a ordenar es nuestro corazón y santidad delante de Él; pero el *Padre Espiritual* nos ayudará a ordenar muchos ámbitos de la vida y sobre todo y principal los pensamientos.

11 Porque he sido informado acerca de vosotros, hermanos míos, por los de Cloé, que hay entre vosotros contiendas.

(1 Corintios 1:11 RV 1960)

Aquí vemos a un *Padre Espiritual* en acción exponiendo una situación de contiendas entre algunos hermanos dentro de una de sus Iglesias hijas; y su consejo profundiza en traer orden a dicha contienda. Dentro de los propósitos de Dios al establecer una cabeza es traer el cielo a la tierra que por cierto nadie puede traer el cielo a la tierra si no lo hace por medio del diseño del Reino y nadie puede manifestar el Reino de Dios estableciendo gobiernos humanizados.

Respondió Jesús: Mi reino no es de este mundo; si mi reino fuera de este mundo, mis servidores pelearían para que yo no fuera entregado a los judíos; pero mi reino no es de aquí.

(Juan18:36 RVR1960).

Jesús trajo el Reino de su Padre; no construyó uno propio Respondió Jesús: *Mi reino no es de este mundo* esto indica que no se puede construir el Reino de Dios, sin duplicar el cielo en la tierra y sin la revelación del diseño de Autoridad.

Si mi reino fuera de este mundo, mis servidores pelearían para que yo no fuera entregado a los judíos, cuando se establece y construye el Reino de Dios, la señal que lo evidencia es que los hijos tengan el diseño del Padre.

Cuando alguien desconoce o se revela contra la voluntad del padre, termina construyendo su propio reino y este es un principio de resistencia a dicha voluntad; el sometimiento de Jesús, hizo que el Reino del cielo se estableciera en la tierra.

El *sometimiento* **duplica diseños**, la *resistencia* **distorsiona diseños**.

¿Cuándo se construyen reinos propios o humanizados?

Cuando el hijo dice tener otra interpretación diferente a la del padre dicho hijo esta construyendo sobre otro plano no original; porque recordemos que lo original para un hijo esta en el Padre.

Cuando no hay sometimiento y solo se camina en una idea unipersonal y fuera de la familia espiritual también se construye un reino humanizado; *cuando el individualismo quiebra el espíritu familiar.* Esto pasa a menudo con personas que les gobierna el orgullo, la egolatría y la falta de aceptación de una verdadera relación paternal y de autoridad. También, cuando el propósito es solo manipular personas y no duplicar un diseño celestial.

Definición de una cabeza.

La cabeza tiene la función de lo que comúnmente conocemos como cobertura espiritual que dicha expresión también revela la autoridad espiritual ya que la cabeza es la estrategia de Dios para gobernar de manera original. La cabeza es el primer eslabón de la cadena de mando de un gobierno desprendiéndose de allí toda orden y ejecutándose como tal. Dijimos que Dios es un gobierno monárquico, no democrático; la democracia no existe en las dimensiones espirituales; y como tal se puede interpretar como un gobierno militar. Esto faculta a la cabeza a poder coordinar todo plan para que sea realizado y llevado acabo en forma, tiempo y manera original.

Sin la cabeza, no hay un verdadero gobierno, en donde ella no este no puede establecerse correctamente una visión ni una autoridad confirme al diseño del cielo ya que la cabeza es el padre y es quien tiene la revelación de la visión y esta misma cabeza esta alineada a su vez a una autoridad. Por ejemplo, veamos una línea de sometimiento común en la vida de un matrimonio y familia donde los hijos se someten a sus padres, la mujer a su esposo y el esposo a Dios. Ese es el orden para que la bendición de Dios y todos sus derivados puedan fluir en el orden y medida correcta. Todo tipo de bendición que provenga de Dios, llega por medio de un solo canal y esta es la cabeza; así es como Dios ha diseñado el como sus bendiciones van a fluir hasta llegar a nuestras vidas. Es por eso que muchas personas no pueden recibir ciertas bendiciones de Dios, por no estar alineados bajo una cabeza, o Padre Espiritual.

Este es un principio que Dios ha establecido y que no hay manera de modificarlo.

¿Como funciona este orden divino?

Para Dios, la cabeza es la autoridad máxima, entonces es que a través de ella el Padre imparte y revela una visión operativa para el gobierno de dicha cabeza. La visión viene a la cabeza de la casa o paternidad; nunca la visión divina vendrá a otra persona o grupo que no sea la cabeza, entendiendo que Dios mismo diseño esto y no quebrantará su propio principio. Dios le habla a la cabeza y esta es la responsable de comunicar e impartir lo revelado.

12 Entonces Jehová dijo a Moisés: Sube a mí al monte, y espera allá, y te daré tablas de piedra, y la ley, y mandamientos que he escrito para enseñarles.

(Éxodo 24:12 RV 1960).

Al principio dijimos que la cabeza y autoridad fueron establecidas para manifestar tres propósitos principales, sumados a lo que ya hemos mencionado, que son la primera traer un *orden divino*, la segunda *gobernar en el Espíritu* y la tercera mantener el *flujo del poder sobrenatural* sobre quienes esa cabeza gobierna.

Orden divino.

Todo lo que ponemos en orden recupera dirección, función y propósito. Y refiriéndonos al orden divino, todo lo que es reordenado recibe dirección para que venga el poder. Los movimientos divinos iniciaran en una plataforma de orden; si esto no es así, posiblemente solo vivamos algún tipo de visitación de Dios, pero no de permanencia del poder. Entonces el desorden es una herramienta fuerte satánica para redirigir el poder a cualquier otro enfoque u otro destino que no sea el propósito de Dios. Muchas temporadas, bendiciones y oportunidades se pueden perder cuando se vive bajo desorden en cualquier área de la vida ya que ese desorden no proviene de Dios ni tiene compatibilidad con ningún diseño del cielo.

En aquellos días Ezequías enfermó de muerte. Y vino a él el profeta Isaías hijo de Amoz, y le dijo: Jehová dice así: Ordena tu casa, porque morirás, y no vivirás.

(Isaías 38:1 RV 1960)

Gobernar en el Espíritu.

Cuando accionamos el mundo espiritual desatamos siempre una guerra porque no luchamos con humanos, sino contra el orden de jerarquía de Satanás, principados, potestades, gobernadores y huestes de maldad en las *regiones celestes*, o sea en la dimensión espiritual. Entrar a la dimensión espiritual es literalmente para gobernar y ejercer autoridad, no para pasear, sino para gobernar.

Cuando una persona hace guerra espiritual, debe tener la legalidad en la dimensión divina para que lo que ejecute suceda realmente y no tire puñetazos al aire. Muchos que no se someten a nadie, creen desatar una guerra espiritual por su ministerio o sus dones, lo que mas bien provocan es que los demonios confabulen y vengan después en su contra como venganza por no ver en dicha persona su autoridad legitima. Las fuerzas demoniacas responden al principio de autoridad; son quebrantadas y expulsadas por el nombre de Jesús cuando una autoridad espiritual entra en acción, amparada total y legalmente por su propia autoridad.

Las personas que tienen ministerios y "trabajan" solos, no son respetados por las jerarquías satánicas; esto no quita que tienen un ministerio o ejercen los dones, pero no tiene posición moral ni espiritual para ejercer autoridad; no es lo mismo poder que autoridad, de esto ya hemos hablado. La única manera de ejercer el poder y gobierno, es por medio de estar sujetos y sometidos a la autoridad, ese es el principio que Dios ha establecido como diseño original. Se gobierna estando bajo autoridad, para que la nuestra será real, funcional y moral. Todo quien funcione sin una autoridad inmediata, es digno de tenerle reservas.

Duplicar el gobierno sobrenatural del cielo en la tierra.

2 Y les dijo: Cuando oréis, decid: Padre nuestro que estás en los cielos, santificado sea tu nombre. Venga tu reino. Hágase tu voluntad, como en el cielo, así también en la tierra.

(Lucas 11:2 RV 1960)

Hay un aspecto muy importante y trascendental en cuanto al gobierno duplicado del cielo en la tierra y este tiene que ver con la primera institución ya mencionada en capítulos anteriores, que es el matrimonio. Es tan poderoso para Dios cuando un hombre y una mujer determinan convertirse en un matrimonio, ya que se juntan dos vidas por un solo propósito activando así un diseño eterno y original sobre esta naciente familia. Es allí donde el cielo se prepara para dar a luz una nueva duplicación poderosa y entregarle a ese diseño los atributos, poder y autoridad por lo cual han sido constituidos.

El matrimonio no escapa a la plataforma de la autoridad, ya que entre ambos gobiernan los hijos, la casa y todo lo que juntos como familia pueden producir en su desarrollo continuo; la rutina mataría a cualquier matrimonio, es por eso que Dios ha capacitado de maneras distintas al hombre como a la mujer para que vinculando esas habilidades logren ser idóneos en todo lo que a familia y propósito se refiera. Todo matrimonio es un diseño que Dios ha establecido como primera creación de autoridad en la tierra y es el mismo una presa codiciada tremendamente por Satanás; porque destruyendo un matrimonio, habrá destruido la autoridad de una generación con propósito sobrenatural y destino profético potente. En la creación del ser humano, ambos fueron creados al mismo tiempo pero formados en temporadas distintas. El hombre fue formado primero por eso es la cabeza en dicha relación y la mujer después. Hay una diferencia muy obvia entre creación y formación; tiene que ver con que un diseño es creado y después es enviado a la planta de producción o formación dando como resultado lo que se pensó, ahora hecho realidad. Dios le dio forma a lo que había creado en la mente y en ese proceso nosotros fuimos perfeccionados al nivel de Dios, sobrenaturalmente fabricados; la creación es perfecta, completa y calificada para ser literal y legalmente la perfecta duplicación del cielo. Si bien, le dio forma natural al diseño divino creado lo que creo es exactamente lo que formó. Y es aquí donde radica la riqueza más grande y asombrosa del gobierno divino en la tierra a través del matrimonio, que ambos son perfectos para Dios.

Pero si el matrimonio entre si no entiende esta riqueza, puede distorsionar ese diseño y a la larga, postergar la llegada al propósito. Esta riqueza es que la autoridad en el hombre proviene directamente de Dios por este ser la cabeza de la mujer; y la autoridad de la mujer proviene del hombre por ser ella su ayuda idónea.

El apóstol Pedro nos enseña que la mujer es la coheredera del hombre; ella es la ayuda idónea, o sea la persona que complementa perfecta, capacitada y calificadamente al hombre como autoridad. El hombre sin un *Padre Espiritual* no puede ejercer autoridad espiritual; el hombre sin su ayuda idónea no puede ejercer gobierno. La mujer es completamente necesaria para el gobierno porque es parte coheredera del diseño divino. Ser coheredera es que tiene los mismos derechos que el hombre para gobernar, respetando la cabeza que es su marido. Esto indica que un matrimonio que se rompe, es un gobierno que se pierde. Un matrimonio que se rompe es un diseño que muere. Por eso, la autoridad de la mujer es amparada por la cabeza es el hombre, y la autoridad del hombre es amparada por Dios que es su cabeza.

Cuando el hombre esta sometido a la voluntad de Dios y de su autoridad, entonces la mujer puede legalmente someterse a él como autoridad y cabeza. Si el hombre no esta en orden con Dios y con su paternidad, muy posiblemente haya situaciones desordenadas en sumisión.

Entendamos algo para finalizar. La cabeza es primordial para que el gobierno de Dios se establezca; cuando la mujer en el principio desobedeció comiendo del fruto prohibido, lo hizo antes rebelándose a la autoridad que era Adán. ¿como es esto? Ella no debió haber tomado una decisión sin el consentimiento absoluto de su cabeza, que era su marido porque el orden de ellos era Adán como autoridad.

Allí se rompió un protocolo de la cabeza quien era la autoridad y Satanás logro entrar por medio del engaño, ¿Donde la engañó? En la persona de Dios, en la cabeza porque satanás nunca hablo con la cabeza de la mujer que era Adán, sino que fue con ella violando el protocolo de autoridad. El primer pecado que cometieron fue haber creído que la palabra de Dios no era tan cierta.

Entonces la serpiente dijo a la mujer: No moriréis".
(Génesis 3:4 RV 1960).

Esa credibilidad en el engaño los llevó a desobedecer. ¿Que es lo que lleva a desobedecer a una persona a Dios y su palabra? Lo que escucha del enemigo en su mente contra Dios. (no hay milagros, no hay prosperidad, no hay futuro, etc.); se peca creyendo y se deja de pecar creyendo, dependiendo la voz que se escuche. ¿Como engañó Satanás a Eva? Con hacerle creer que Dios en su persona y autoridad es mutable. Eva creyó y desobedeció; y la desobediencia solo se manifiesta cuando se deja de oír la palabra original del Padre. Lo que Satanás le dijo no era mentira.

sabe Dios q si comes serás como el.

(Génesis 3:5 RV 1960).

Después que pecaron dijo Dios: ahora el hombre es como uno de nosotros y eso cambio la historia de la humanidad por completo, perdiendo así la autoridad de gobierno.

Y dijo Jehová Dios: He aquí el hombre es como uno de nosotros, sabiendo el bien y el mal; ahora, pues, que no alargue su mano, y tome también del árbol de la vida, y coma, y viva para siempre.

(Génesis 3:22 RV 1960).

El pecado entro por la cabeza; solo hasta que Adán comió del fruto prohibido fue que Dios apareció en el huerto.

La cabeza tiene el poder y la potestad para dar entrada a su gobierno a lo bueno y a lo malo, es por eso la necesidad de sanar las relaciones paternales en las tres dimensiones *Padre Celestial, Padre Natural o Biológico y Padre Espiritual* es emergente para así restaurar el poder de la autoridad en todo hombre que es cabeza y toda mujer que es coheredera sobrenatural.

Esta restauración que estamos viviendo en estos últimos años ha venido en una suerte de olas de revelación confirmando dos cosas principales, primero La Voluntad del Padre y segundo el retorno de Jesucristo.

Es por eso que el vientre del Padre Celestial, también

gesta restauración a uno de los diseños mas poderosos y mas idénticos a su imagen y semejanza que es la autoridad paterna...

¡Bendita Restauración!